# AS ELEGIAS DE DUÍNO

Raine Maria Rilke

# AS ELEGIAS DE DUÍNO

*introdução e tradução*

MARIA TERESA DIAS FURTADO

ASSÍRIO & ALVIM

1.ª EDIÇÃO: SETEMBRO 1993
2.ª EDIÇÃO: JUNHO 2002


RUA PASSOS MANUEL, 67 B, 1150-258 LISBOA (2002)

ISBN 972-37-0341-6
EDIÇÃO 348

# INTRODUÇÃO

*Amplos acumuladores de energia cria o espírito do tempo, informemente*
*tal como o ímpeto tenso que de todas as coisas obtém.*
*Templos, já não os conhece. A estes, desbarato do coração,*
*nós mais secretamente os resguardamos. Sim, onde quer que subsista*
*uma coisa, uma coisa outrora feita de oração, de serviço, de genuflexão —,*
*aflora já, tal como está, o invisível.*

De «A Sétima Elegia»[1]

Rainer Maria Rilke (1875-1926), poeta de dimensão universal, nascido em Praga quando esta cidade ainda pertencia à Áustria, tendo vindo a morrer na Suíça, ergueu na sua obra maior *As Elegias de Duíno* a grande sinfonia da sua vida e do seu tempo, percorridos pela inquietação e pela angústia, dilacerados pela I Guerra Mundial, envoltos nas vagas das novas filosofias — Kierkegaard, Nietzsche, Bergson —, atraídos pelas novas descobertas no campo da psicologia humana — Freud — e no campo da ciência e da tecnologia. Se a vida e a morte impressionam profundamente a sua sensibilidade, não menos o fazem o amor e a dor, a alegria e a tristeza. Na genial e dolorosa experiência da escrita de *As Elegias de Duíno*, Rilke encontra o elo de união entre todas essas realidades diversas e o tom elegíaco, expresso em ritmos livres, dá lugar ao tom elegíaco-hínico, uma vez que o equilíbrio encontrado se exalta

[1] Seguimos a edição do Rilke Archiv com o acordo de Ruth Sieber-Rilke e a colaboração de Ernst Zinn, *Sämtliche Werke*, 1.º volume, Frankfurt-am-Main, Insel Verlag, 1962.

e proclama. A amplitude dos versos ora se expande ora se concentra num ritmo mais sincopado que inclui elipses e alterações da estrutura sintáctica. Rilke dá continuidade, nesse tom elegíaco-hínico, à herança de Hölderlin, poeta que lê fascinado e a quem dedica um poema de homenagem em Setembro de 1914, que noutro lugar divulgámos em nova tradução. O conhecimento do grande poeta foi-lhe facultado em Paris, onde, em 1910, conheceu Norbert von Hellingrath (1888--1916), um dos editores da obra hölderliniana, tendo-o ouvido em diversas ocasiões e seguido com grande interesse o seu trabalho, abruptamente interrompido pela morte em campo de batalha, em Verdun.

Em Janeiro de 1912, no Castelo de Duíno, junto ao Adriático, perto de Trieste, começa, tempestuosamente, o ciclo das dez *Elegias de Duíno* que tão árduo itinerário irá conhecer até à sua conclusão, também tempestuosa, na Torre de Muzot, na Suíça, em Fevereiro de 1922. Este ano é considerado, pela crítica literária mundial, o «annus mirabilis» da literatura moderna, uma vez que é nele que surgem as obras *As Elegias de Duíno* e *Sonetos a Orfeu* de Rilke, *Charmes* de Paul Valéry, *Waste Land* de T. S. Eliot e *Ulysses* de James Joyce. Tais obras constituem um referente obrigatório para toda a literatura que se lhes seguiu[1].

Para o conhecimento da génese das Elegias e do ambiente em que surgiram, reveste-se de especial importância o testemunho da Princesa Marie von Thurn und Taxis-Hohenlohe[2], amiga, mecenas, anfitriã e admiradora do Poeta, e que oportunamente o soube encorajar, de modo a superar simultaneamente as dificuldades da vida e as dificuldades da Obra. O Castelo de Duíno é propriedade sua e tanto serve de local de convívio social e culto — visitam-no, por exemplo, Rudolf

[1] Cfr. Hans Egon Holthusen, *Rainer Maria Rilke*. Hamburg, Rowholt Taschenbuch Verlag, 1958, p. 149.

[2] Fürstin Marie von Thurn und Taxis-Hohenlohe, *Erinnerungen an Rainer Maria Rilke* (Memórias sobre Rainer Maria Rilke), 3.ª ed., München-Berlin, R. Oldenbourg; Zürich, Verlag der Corona, 1937.

Kassner, filósofo e ensaísta que Rilke muito admira e de quem se torna amigo pessoal até à hora da morte (a ele dedica «A Oitava Elegia»), os familiares da princesa e até D. Manuel II de Portugal, cuja conversação despertou muito interesse ao poeta[1] —, como serve de retiro e isolamento propícios à criação poética. Marie von Thurn sabia que um dos planos de Rilke que mais o ocupava nessa altura era o de escrever sobre as «"Amantes infelizes", as "abandonadas" — Mademoiselle de Lespinasse, a freira portuguesa, Gaspara Stampa. Os destinos destas mulheres tocavam-no indizivelmente de perto e eram para ele uma realidade dolorosa, que não o abandonava. Quando falava delas encontrava palavras de uma força comovente e de uma ternura infinita.»[2] Em meados de Janeiro de 1912, quando Rilke menos o esperava, surgiu «A Primeira Elegia». Pouco depois surgia a segunda, dedicada aos Anjos. «Como Rilke me contou, todos os versos iniciais das outras Elegias surgiram neste Inverno em Duíno», escreve Marie von Thurn[3]. Meses depois, em Veneza, onde se encontrava com Rilke, anota a Princesa: «... as grandes Amantes já ele tinha cantado na "A Primeira Elegia".»[4] Documentam também este interesse pelas mulheres que foram capazes de amar, sem ver o seu amor correspondido, as traduções que Rilke fez dos textos: «O amor de Madalena» (1912), «Cartas Portuguesas. As Cartas de Mariana de Alcoforado» (1930), «Os vinte e quatro Sonetos de Louize Labé» (1917) — reeditados em 1991 pela Editora Insel Taschenbuch sob o título *Die Liebenden* (As Amantes). Marie von Thurn regista a atitude e a vivência de Rilke no que respeita ao amor: «O amor, o grande amor, que ele tanto admirava nos outros — considerava-se incapaz de alguma vez o sentir verdadeiramente. Um momento

[1] Idem, p. 60.
[2] Idem, p. 34.
[3] Idem, p. 41.
[4] Idem, p.50.

de alegria, entusiasmo e fogo apaixonado — e depois uma total decepção, repulsa e fuga.»[1] Todas estas anotações e factos ajudam a ter mais fácil acesso à concepção de amor patente nas Elegias — um amor fugaz, passagem para o Aberto. (Cfr., por exemplo, «A Quarta Elegia»).

Em Junho de 1921 Marie von Thurn encontra-se com Rilke em Etoy, na Suíça. Depois de este lhe ter lido o que tinha escrito após as duas primeiras Elegias, alguns fragmentos que a Princesa desconhecia — não menciona «A Terceira Elegia», redigida em Paris em finais de 1913, nem «A Quarta Elegia», escrita definitivamente em Munique, a 22 e a 23 de Novembro de 1915, num tom amargo e melancólico, exprimindo a insegurança do homem em contraste com o mundo natural das plantas e dos animais — o poeta confessou-lhe o intuito de entregar esse material à editora, tal como estava, pois temia nunca chegar a concluí-lo. Marie von Thurn reagiu energicamente, exigindo-lhe que não o fizesse e assegurando-lhe, com convicção, que ele terminaria a obra. As palavras surtiram o efeito desejado...[2] E, mais ainda, cumpriram-se em Muzot, em Fevereiro de 1922, no seguinte calendário: dia 7, Rilke escreve «A Sétima Elegia»; dias 7 e 8 a oitava; dia 9 termina a sexta e a nona; dia 11 conclui a décima; dia 14 escreve uma nova quinta elegia — inspirada na recordação dos saltimbancos que vira em Paris e de um quadro famoso de Picasso, *Os Saltimbancos* (1905), que existia em casa da sua anfitriã de Munique em 1915, Herta König, a quem dedica o texto. Além dessa obra escreveu, no mesmo mês, *Sonetos a Orfeu*, «o seu canto de cisne...» como escreve Marie von Thurn[3]. A mesma ouviu, pouco tempo mais tarde, em Sierre, na Suíça, a leitura

[1] Idem, p. 71.
[2] Idem, p. 88.
[3] Idem, p. 93.

das duas obras dos lábios do próprio Autor, vivamente impressionada. Por todo o apoio e encorajamento que Marie von Thurn lhe dispensou, Rilke dedicou-lhe *As Elegias de Duíno*, de forma bem significativa: «Propriedade da Princesa Marie von Thurn und Taxis-Hohenlohe». A destinatária tinha compreendido bem, para lá do impacto emotivo, o significado da exaltação afirmativa dos valores poéticos e humanos contidos nas Elegias, a sua forma magnetizante, amadurecida num tempo de carência, de dificuldades e de dor[1]. O próprio Castelo de Duíno encontrava-se em ruínas, destruído pela guerra, mas o Cântico que as dez Elegias constituíam já o tinha imortalizado. Prova da profunda compreensão que Marie von Thurn tinha da Obra de Rilke, bem como da de outros escritores e da sua própria época, é a resposta que dirige a Hugo von Hofmannsthal sobre a questão, que este lhe tinha colocado, de qual seria a razão de não haver uma total compreensão entre ele próprio e o poeta das Elegias: «O senhor é o Poeta da vida, da vida bela, terrível, alegre e trágica, mas sempre da vida, mas ele, porém, era o Poeta da morte…»[2] Curiosamente é esta a mesma característica dominante que lhe atribui, em 1946, Joel Serrão, a propósito da publicação, em tradução portuguesa, das *Cartas a um Poeta*[3]. «Rainer Maria Rilke, o grande poeta europeu, é também um poeta da morte. Lendo-o — e ai de mim: só o conheço em tradução portuguesa, aliás óptima — nós ficamos com a certeza de nos encontrarmos perante um desses homens que lobrigam alcançar a *aparente* possibilidade de contactar com as coisas na sua inefável realidade.» E conclui, em feliz síntese, referindo-se à posição de Rilke

[1] Idem, p. 94.

[2] Idem, p. 42.

[3] Joel Serrão, «Crítica: *Cartas a um Poeta*, de Rainer Maria Rilke. Tradução de Fernanda de Castro» (Colecção «documentos humanos», Livraria Portugália), in: *Mundo Literário*, semanário de Crítica e de Informação literária, cientifica e artística, n.º 19, 14 de Setembro de 1946, pp. 11-12.

face à própria criação poética: «Mas o universo poético, opondo-se e superando o a-poético, não é dádiva mas conquista, não é aceitação mas recusa, não é facilidade mas ascese.»

Para lá destes testemunhos alheios, temos ainda a oportunidade privilegiada de conhecer o testemunho do próprio poeta sobre esta sua obra maior, graças às perguntas que lhe enviou o seu tradutor polaco Hulewicz, às quais respondeu em carta redigida a 13 de Novembro de 1925, em Muzot, e que passamos a apresentar na íntegra.

«E sou *eu* que tenho que dar a verdadeira explicação das Elegias? Elas ultrapassam-me infinitamente. Considero-as um aperfeiçoamento na sequência daqueles pressupostos essenciais já presentes no *Livro de Horas* e que em ambas as partes dos *Novos Poemas* se servem experimentalmente de uma imagem do mundo, vindo a concentrar-se de modo conflituoso nos *Cadernos de Malte* em que voltam a confrontar-se com a vida e aí quase demonstram que esta vida suspensa no abismo é impossível. Nas *Elegias*, e partindo dos mesmos dados, a vida volta a ser possível, passa aqui até por aquela definitiva *afirmação*, à qual o jovem Malte ainda não era capaz de chegar, embora se encontrasse no bom e difícil caminho "des longues études". *A afirmação da vida e da morte constitui uma única e mesma coisa nas "Elegias".* Reconhecer uma sem a outra seria — e é isso que aqui se experimenta e exalta — uma limitação que acabaria por excluir tudo o que é infinito. A morte é o *lado da vida* que está distante de nós e que nós não iluminamos: é nosso dever tentar alcançar a maior consciência possível da nossa existência, à vontade em *ambos esses ilimitados domínios e deles se alimenta inesgotavelmente*... A verdadeira Forma da vida cruza *ambos* os campos, o sangue da grande circulação passa por ambos: *não há nem um Aquém nem um Além, mas sim a grande Unidade,* na qual estão à vontade os "Anjos", seres que nos superam. E assim se coloca a questão do amor neste mundo alargado à sua metade maior, sendo só assim *total*, só assim íntegro. Surpreende-me que os *Sonetos a Orfeu*, pelo menos tão "difíceis" como as *Elegias* e impregnados da mesma essência, não o ajudem a entender melhor estas. Elas foram iniciadas em 1912 (em Duíno), continuadas em Espanha e em Paris de modo fragmentário até 1914; a guerra interrompeu completamente este meu trabalho maior; quando ousei retomá-lo em 1922, (aqui), vieram, por acréscimo, já concluídas as novas *Elegias*, em poucos dias, impondo-se tempestuosamente, os "Sonetos a Orfeu" (que *não* faziam parte dos meus planos). Estes pertencem, como não pode deixar de ser, ao mesmo "nascimento" das "Elegias", e o facto de terem surgido de repente, sem o meu querer, a seguir à morte precoce de uma jovem, ainda os faz recuar mais até à fonte da sua origem; esta sequência é mais uma relação que nos leva ao centro *daquele* domínio, cuja profundidade e influência nós em todos os lugares, ilimitadamente, partilhamos com os mortos e os vindouros. Nós, os daqui e de hoje, não experimentamos por um só momento qualquer satisfação no mundo temporal, nem a ele estamos ligados; afastamo-nos sempre e completamente, até junto dos antepassados, até à nossa origem e até àqueles que aparentemente vêm depois de nós. Nesse máximo mundo "*aberto*" estão todos, não se pode dizer "em simultâneo", embora precisamente a supressão do tempo implique que todos eles *sejam*. A efemeridade confronta-se em todos os lugares com o ser profundo. E assim todas as realizações do aqui não se destinam só a um uso temporal, mas também, tanto quanto a nossa capacidade o permitir, a serem dirigidas para aqueles significados superiores, em que participamos. Mas *não na acepção cristã* (da qual me afasto cada vez com maior paixão), antes por uma consciência puramente terrena, profundamente terrena, venturosamente terrena compete introduzir no circuito mais longínquo o que aqui vemos e tocamos. Não num Além, cuja sombra obscurece a terra, mas num todo, na *totalidade*. A natureza, as coisas que fazem parte do nosso convívio e do nosso uso são efémeras e caducas; mas enquanto estamos aqui são *nossa* propriedade e da nossa amizade, conhecedoras das nossas carências e das nossas alegrias, tal como já tinham sido confidentes dos nossos antepassados. Assim trata-se não só de não malbaratar nem menosprezar tudo o que é daqui, mas também e precisamente, pela efemeridade, que connosco compartilham, esta aparências e coisas devem por nós ser entendidas e transformadas numa intelecção mais íntima. Transformadas? Sim, pois é tarefa nossa impregnarmo-nos tão profunda, dolorosa e apaixonadamente desta terra passageira e caduca, que o seu ser em nós de novo ressurja de modo "invisível". *Nós somos as abelhas do invisível. Nous butinons éperduement le miel du visible, pour l'accumuler dans la grande ruche d'or de l'Invisible.* As *Elegias* mostram-nos neste labor, no labor desta ininterrupta transposição do visível e do palpável, que amamos, para a vibração e emotividade invisíveis na nossa natureza, introduzindo novos índices de vibração nas esferas vibrantes do Universo. (E como as várias substâncias existentes no Universo apenas são expoentes vários de vibração, nós, deste modo, preparamos não só tensões de carácter espiritual, mas também, quem sabe, novos corpos, metais, nebulosas e astros). E essa actividade é singularmente apoiada e precipitada pelo desaparecimento cada vez mais rápido de tantas coisas visíveis, que já não poderão vir a ser substituídas. Para os nossos avós uma "casa", uma "fonte", uma torre conhecida, até a sua própria roupa, os seus casacos, ainda eram: infinitamente mais, infinitamente mais familiares; quase todas as coisas eram um receptáculo no qual já de si encontravam algo humano e para o qual guardavam algo humano. Agora invadem-nos, vindas da América, coisas vazias e indiferentes, coisas-aparências, *simulacros-de-vida*... uma casa, na maneira de ver americana, uma maçã americana ou uma videira de lá não têm *nada* a ver com a casa, o fruto, as uvas em que se tinham introduzido a esperança e a reflexão dos nossos pais... As coisas animadas, vividas, nossas cúmplices vão-se acabando e já não podem ser substituídas. *Nós somos talvez os últimos que ainda conheceram essas coisas.* Sobre nós recai a responsabilidade de, não só as manter na memória (isso seria pouco e incerto), mas também conservar o seu valor humano e do lar (no sentido dos Lares, os génios tutelares da casa). A terra não tem mais recurso senão o de tornar-se invisível: em nós, cujo ser em parte pertence ao invisível, que nele aparentemente participamos, pelo menos parcialmente, e que, durante o nosso estar aqui, podemos aumentar a nossa porção de invisibilidade —, apenas em nós se pode realizar essa transformação íntima e contínua do visível em invisível, independentemente de ser visível e apreensível, tal como o nosso próprio destino em nós ininterruptamente se torna, ao mesmo tempo, patente e invisível. As *Elegias* apresentam esta norma de existência: garantem, exaltam esta consciência. Inserem-se cautelosamente na sua tradição, a ela chamando tradições muito remotas e vestígios de tradições relativas ao mesmo pressuposto e até no culto egípcio dos mortos se encontra o conhecimento prévio dessas relações. (Embora o «país das Lamentações», através do qual a Lamentação mais velha guia o jovem morto, não seja equivalente ao Egipto, mas apenas, de certo modo, um reflexo do país do Nilo na clareza desértica da consciência dos mortos.) Se alguém cometer o erro de defender a existência de concepções *católicas* da morte, do Além e da eternidade nas *Elegias* e nos *Sonetos,* afasta-se completamente do seu ponto de partida e irá cair num mal-entendido cada vez mais profundo. O "Anjo" das *Elegias* nada tem a ver com um Anjo do céu cristão (tem mais a ver com as figuras angélicas do Islamismo)... O Anjo das *Elegias* é a criatura em que já se deu a transformação do visível em invisível que nós operamos. Para o Anjo das *Elegias* as torres e palácios do passado existem todas, *por* serem há muito invisíveis, e as torres e pontes da nossa existência que ainda subsistem são para ele *já* invisíveis, embora (para nós) ainda tenham duração corpórea. O Anjo das *Elegias* é aquele ser ao qual cabe reconhecer no invisível uma categoria superior da realidade. — Por isso ele é «terrível» para nós, porque nós, que amamos e transformamos a realidade, ainda estamos presos ao visível. — Todos os mundos do Universo se precipitam no invisível como sua realidade próxima mais profunda; *algumas estrelas intensificam-se directamente e perecem na consciência infinita dos Anjos, outras estão destinadas a seres que as transformam lenta e penosamente, em cujo terror e encantamento elas alcançam a sua realização invisível próxima. Nós somos,* acentuemos de novo, *no sentido das* Elegias, *aqueles que transformam a terra, e toda a nossa existência, os voos e quedas do nosso amor, tudo nos torna capazes para esta tarefa* (e nenhuma outra existe que seja, como ela, essencial). (Os *Sonetos* mostram pormenores desta actividade que aqui aparece sob o nome e a protecção de uma jovem morta, cuja completude e inocência a porta do túmulo deixa patentes, de modo que ela, tendo partido, pertence àqueles poderes que mantêm a frescura de uma das metades da vida, abrindo-a à outra metade, pela ferida aberta.) *Elegias* e *Sonetos* apoiam-se mutuamente e sempre —, e considero uma graça infinita ter podido, de um mesmo sopro, encher estas duas velas: a pequena vela pardacenta dos *Sonetos* e o gigantesco pano branco do velame das *Elegias*.

«Possa o meu caro amigo encontrar aqui algum conselho e esclarecimento e, no restante, agir por sua conta. Pois: não sei se seria alguma vez capaz de dizer mais alguma coisa.

«Seu
R.M.Rilke»

Seguindo a ambivalência própria de uma viragem de século que, com as transformações exteriores, traz consigo novas formas de pensamento e de sensibilidade, Rilke, pretendendo a afirmação de novas categorias que o conduzem à Unidade ou à Totalidade, acaba por negar ou tentar renegar a visão inicial que recebeu da tradição cristã ocidental. Quase recusa até a utilização das concepções e categorias desta tradição, para invocar outras que remontam à cultura egípcia e à cultura islâmica. Mas que propõe Rilke senão uma ascese, uma libertação do que é terreno, espiritualizando-o? A necessidade de eternizar o que é fugaz fá-lo construir uma forma de pensamento mítico-filosófico que pretende abranger o que precede a existência e o que se lhe segue. A Filosofia Platónica deixa-se entrever em versos da «Oitava Elegia», a mais filosófica de todas e, talvez por isso, dedicada ao filósofo e ensaísta Rudolf Kassner. O «país das Lamentações» mítico e fúnebre contrasta com uma concepção irrefutavelmente cristã da alegria que se prova e afirma no sofrimento, e que é a da última imagem da «Décima Elegia», aquela que deixou a tremer a mão de Rilke ao terminá-la. Os Anjos, embora expressamente fora da tradição cristã, são ainda e sempre puros espíritos, e dominam sobre o visível e o invisível, sobre a vida e a morte. A visão rilkeana da morte, no entanto ainda cristã — o outro lado da vida que não vemos — cifra-se numa transcendência em que o invisível não tem nome nem é pessoal e os laços de amor, continuamente quebrados na terra, não têm aí também vigência.

Quanto à actualidade de Rilke vejamos as considerações que sobre ela tece o nosso prestigiado ensaísta e poeta António Ramos Rosa: «A actualidade da obra de Rilke, que se radica decerto no que a torna universal e perene, decorre de ser outrossim e correlativamente, uma "crítica da civilização contemporânea, uma crítica da distracção". À luz de conceitos como o Aberto, o Invisível, o espaço interior do mundo, a relação pura (nomes diferentes de léxico conceptual de Rilke mas que apontam todos ao sentido da totalidade), põe a nu esta obra, umas vezes implícita outras explicitamente, a precariedade da condição essencial do homem, não sem que, do mesmo passo, denuncie a falsidade e o vazio de uma civilização extremamente repressiva e artificial — e é assim que, tanto as exegeses psicanalíticas como existenciais, nos dão estoutro aspecto da sua mais viva actualidade. Deste modo se compreende que tal obra, que julgávamos situada, devido a uma certa tonalidade romântica, num *arriére-plan* da modernidade, haja sido justamente reivindicada por muitos filósofos modernos dos mais variados quadrantes, como expressão de uma actualíssima aspiração, a saber, a da restituição ao homem dos seus poderes originários e criadores.»[1]

Depois da versão de Paulo Quintela de *As Elegias de Duíno* editada em 1969 e reeditada em 1983, a cuja memória de diversos modos prestamos nesta nova versão sincera homenagem, apresenta-se ao leitor português uma nova maneira de ter presente Rilke na língua portuguesa, entretanto enriquecida por novos modos de dizer poéticos, muitos deles rilkeanos, o que torna múltipla a honra que se pretende prestar ao grande Poeta.

Os ecos rilkeanos na nossa poesia começam porventura a partir de 1942, data em que Paulo Quintela dá à estampa *Poemas I*. Nestes textos já estão contidos *leitmotive* de toda a poesia de Rilke, sobretudo o da figura do Anjo. Assim, encontramos em Sophia de Mello Breyner Andresen o poema «O Anjo» incluído em *Dia do Mar*, de 1947:

O Anjo que em meu redor passa e me espia,
E cruel me combate, nesse dia
Veio sentar-se ao lado do meu leito
E embalou-me cantando no seu peito.

[1] António Ramos Rosa, *A poesia moderna e a interrogação do real — II*, Lisboa, Editora Arcádia, 1980, p. 80.

No primeiro livro de Fernando Echevarria, significativamente intitulado *Entre dois Anjos*, de 1956, também encontramos a mesma figura:

Manda calar o mundo.
Nenhum anjo levante
as pálpebras. Profundo,
Tu. E só a noite cante.

O que se publica antes de 1969 enquadrado no recorte d'*As Elegias de Duíno* deverá ser sobretudo fruto da leitura da sua versão francesa, da autoria de J.-F. Angelloz (1943). É o caso de «Elegia Múltipla» e «O amor em visita», de Herberto Helder que a ambos os textos inclui no título *A Colher na Boca* (1953-1960). Fique aqui expressa a gratidão pelo primeiro verso do segundo poema do qual, em homenagem, adoptámos a expressão «jovem mulher», dado que a palavra «jovem» tanto se pode aplicar ao masculino como ao feminino:

Dai-me uma jovem mulher com sua harpa de sombra

E neste olhar rilkeano à nossa poesia, forçosamente breve e incompleto, salientamos ainda três exemplos, bastante recentes:

«14 Polissílabos sobre Anjos», de Fiama Hasse Pais Brandão, incluídos em *Obra Breve*, de 1991. Em «Ao longe, o anjo» (pp. 377-78), escreve: «Não quero / pedir-Te mais do que // o Teu deslumbramento».

O *Anel Débil*, de Fernando Guimarães (1992), que contém textos rilkeanos como este (p. 94):

O tempo das flores é difícil. Conhecemos
agora o seu repouso, este rumor que desce

para as envolver. Tudo o que nos pertence
é como a seiva desprendida: assim encontraremos
o que se afasta de nós. Talvez seja maior
a recordação que temos delas. Ficam mais simples
à nossa volta. E seremos então o seu início.

Por último, de um poema inédito de António Ramos Rosa, datado de 20.1.93:

Não é necessário que nenhum anjo venha tocar uma harpa de musgo
entre o mudo letargo vegetal
e a coroa do primeiro silêncio a matriz da palavra.

Esta breve revista deixa claro, a nosso ver, que Rilke continua a ser um referente importante para a Poesia portuguesa.

Chegados ao fim deste aventuroso e venturoso trabalho de tradução é imperioso agradecer a Fiama Hasse Pais Brandão a leitura paciente deste trabalho e a Lisete Verças a generosidade amiga com que o computorizou, fazendo e refazendo o tecido português do «gigantesco pano branco do velame das Elegias» que o sopro do imortal Poeta encheu.

MARIA TERESA DIAS FURTADO

# PREFÁCIO À 2.ª EDIÇÃO

*Encostada à minha janela*
*contemplo a vossa (nuvens-anjos) beleza*
*que a todo o instante*
*se faz e desfaz*
*até o chumbo da sombra avançar*
*e aos poucos surgir a noite*
*antiga e idêntica sempre*

Ana Hatherly, *Rilkeana*. 1999, p. 31.

A assinalar o 70.º aniversário da morte de Rilke (1996), a Editora Insel publicou em quatro volumes as Obras de Rilke, numa edição comentada que constitui um excelente material de trabalho e de estudo em geral, em particular para quem se ocupa da tradução e da análise de um dos maiores vultos da Literatura Universal do século XX. Por essa razão, parece-nos pertinente dar ao leitor português, nesta 2.ª edição de *As Elegias de Duíno*, notícia de algumas das considerações fundamentais que em torno desta obra aí se tecem, bem como de conclusões decorrentes do trabalho que vimos desenvolvendo a partir do romance do mesmo Autor, *Die Aufzeichnungen des Malte Laurids Brigge* (*As Anotações de Malte Laurids Brigge*), obra charneira da fase intermédia de Rilke, a partir da qual vai desenvolver poeticamente, e de modo particular nas *Elegias*, respostas para as questões que nesse texto ficaram em aberto. Por fim, queremos apresentar um novo poema do Autor, de registo igualmente elegíaco, o «Requiem für eine Freundin» («Requiem por uma

Amiga») que é contemporâneo (1908) do tempo de elaboração do romance (1904-1910) e que ilustra a capacidade de diálogo de Rilke com a Arte do seu tempo (tal como n'«A Quinta Elegia» encontramos o diálogo com os «Saltimbancos» de Picasso).

O *Malte*, romance em prosa poética, é o *Livro do Desassossego* de Rainer Maria Rilke. Os abismos experimentados no grande espaço urbano de Paris, os medos actuais e os da infância, a desorientação e o desamparo, deixam a personagem em suspenso, sustentada apenas pela sua aflição, convocando figuras históricas que se inserem nesse mesmo paradigma. É através desse mergulho nas profundezas que Rilke espera ter conseguido atingir uma atitude perante o mundo liberta de todas as formas de medo e de recalcamento. Estabelecendo ainda mais um paralelo com Fernando Pessoa, nomeadamente com Alberto Caeiro, verificamos também, naquele romance rilkiano, que o poeta de eleição que Malte lê, na Biblioteca Nacional (como se pode ler na Anotação 16) é Francis Jammes (1868-1938), conhecido pelos cenários idílicos e campestres da sua poesia e sobre o qual consta ter existido também na biblioteca de Fernando Pessoa o volume *Francis Jammes et le sentiment de la Nature*. E lendo a colectânea *Poesia de Alberto Caeiro* (ed. Assírio & Alvim, Lisboa, 2001) encontramos algumas afinidades com imagens recorrentes n'*As Elegias de Duíno*, como a planta, o animal, Deus, o homem, tal como vemos no poema da p. 179:

*A Ricardo Reis*

Também sei fazer conjecturas.
Há em cada coisa aquilo que ela é que a anima.
Na planta está por fora e é uma ninfa pequena.
No animal é um ser interior longínquo.

No homem é a alma que vive com ele e é já ele.
Nos deuses tem o mesmo tamanho
E o mesmo espaço que o corpo
E é a mesma coisa que o corpo.
Por isso se diz que os deuses nunca morrem.
Por isso os deuses não têm corpo e alma
Mas só corpo e são perfeitos.
O corpo é que lhes é alma
E têm a consciência na própria carne divina.

Se as *Elegias* constituem o complemento positivo do *Malte*, também estão ligadas poetologicamente às potencialidades do romance no que respeita à representação da totalidade. *Malte* já colocara lado a lado o sublime e o repulsivo, seguindo uma técnica de montagem que apresenta a simultaneidade dos opostos. As *Elegias* vão mais longe, apontando para opostos como vida e morte enquanto unidade. O facto de a poesia visar a formulação de um modelo de mundo não é estranho ao modernismo, pois, segundo a estética do Simbolismo, apenas as formas líricas com a sua linguagem extremamente elaborada parecem ser adequadas à nova complexidade dos conceitos de realidade e de subjectividade, e ao consequente afastamento de um realismo de orientação empírica e psicológica.

A função específica das *Elegias* é a de resolver, com meios exclusivamente poéticos, os problemas da existência humana já formulados em *Malte*. Pretende-se, pois, alcançar dois objectivos: uma representação global da condição humana e uma resposta aos seus problemas existenciais que não pode eliminar o carácter conceptual — científico e filosófico — da ininteligibilidade da vida, mas que, apesar disso, fundamenta uma atitude de confiança no mundo e de afirmação da vida.

Na sua análise poética da condição humana, Rilke serve-se dum método com longa tradição no domínio antropológico: afirmar o que é pelo que não é, ou seja, para dizer o que é o homem recorre-se a um processo indirecto, referindo aquilo que o homem não é. No quadro da tradição cristã ocidental, as imagens opostas mais adequadas para esse efeito, na medida em que os pólos da natureza composta do homem — ser criatura e ser espírito — neles se tornam mais evidentes, são o animal e o anjo.

Tanto o animal como o anjo estão livres das aporias da consciência humana: a cisão de toda a experiência do mundo em sujeito e objecto ou a quebra reflexiva de todas as vivências, o conhecimento doloroso, que confere insegurança a todas as relações com a vida, do carácter efémero de todos os sentimentos, pensamentos e configurações e, por fim, da morte inexorável e iminente, a ameaça de zonas, tanto no eu como na Natureza, que nunca são completamente esclarecidas pelo pensamento e pela vontade. Isto porque tanto os animais como os anjos vivem — dum modo que ao homem apenas é acessível por instantes — no espaço «aberto» e «livre» e desse modo «são» «realmente» em sentido literal enfático (que nas *Elegias* é assinalado em itálico): o animal, porque não tem consciência, habita vigorosamente o «visível», o aqui e agora físicos; o anjo, por dispor de uma consciência infinita e desse modo existir vigorosamente no «invisível». O lado invisível da imanência é o «espaço do mundo», o lado interior do mundo da experiência, o conjunto de todos os actos da alma na sua existência imaterial. Nas *Elegias* o anjo apresenta-se, em primeiro lugar, como a imagem contrária da existência humana, que nos deve remeter para a importância e dignidade do lado «invisível» da nossa vida.

Mas a condição humana não é traçada apenas por imagens contrárias nas *Elegias*; também são utilizadas imagens-limite («Grenzbilder») do ser do homem. Destas fazem parte as figuras poeticamente mitificadas da «criança», do «herói», dos que «morreram jovens», das «grandes amantes».

A criança (Elegias IV, V, VI, VII, VIII, IX e X) que ainda não distingue categoricamente o seu eu das coisas e o mundo interior, ilimitado, da sua fantasia da realidade exterior, está tão próxima do modo de existência «aberto» como o herói que vigorosamente quer e actua (Elegias I e VI) e os que morreram jovens (Elegias I, VI, VII e X) que fascinam Rilke porque passam de um estado ainda próximo do das crianças, portanto ainda sem habituação ao «mundo interpretado», directamente para a morte.

As grandes amantes estão igualmente próximas do «aberto» (Elegias I e VII). O seu amor é muito mais do que «não possessivo» — é um «amor intransitivo», uma vez que se desligaram do amado ou o perderam, conservando embora a intensidade emocional, o sentimento exacerbado do amor; este sentimento já não dirigido a um determinado objecto entra nessa altura em relação com a totalidade do real e assim se furta às aporias do amor «transitivo» (Elegias I, II, III, IV, V, VI, VII, VIII, IX e X).

É através dessas figuras «mito-poéticas» que Rilke vai suprir a absoluta falta de «equivalentes visíveis» no momento civilizacional que atravessa. Através da sua figuração linguística que engloba conquistas neste campo de culturas passadas (Elegias VII, IX), mas também cria outras, novas (Elegia IX), o poeta elabora para o seu tempo os mitos poéticos em que mesmo as experiências mais opressoras da condição humana são moldadas apolineamente.

Nesse trabalho de transformação, o poeta encontra a expressão mais duradoura e intersubjectivamente mais coesa para aquilo que continuamente realizamos: a transformação do mundo exterior em vivências e a verbalização dos nossos sentimentos e experiências.

Neste ciclo poético há um apelo, expresso em variadíssimas interpelações e imagens, à aceitação afirmativa de toda a existência humana, incluindo o instinto, o sofrimento, a transitoriedade e a morte, para que se conservem os poucos momentos de existência realizada (Elegias VII e IX) e para que se confie nas potencialidades criativas do nosso íntimo (Elegia IX).

Na concretização de todo este projecto poético e humano torna-se compreensível que os aspectos não harmónicos da existência, assumidos pelo registo elegíaco, fiquem integrados numa totalidade maior que, por ser afirmativa, dá lugar ao louvor, ao hino.

Como introdução ao «Requiem» que nesta edição incluímos, podemos dizer que a amiga nele invocada e interpelada é uma de entre os que morreram jovens. Paula Modersohn-Becker, pintora que Rilke conhecera na colónia de artistas em Worpswede, situada entre Bremen e Hamburgo, vem a morrer aos trinta e um anos, depois de dar à luz a sua primeira filha, em 1907. Chegara a haver amizade entre o poeta e a pintora, que veio a fazer o retrato dele, trabalho que ficou inacabado. Apenas um ano depois da morte da pintora, escreve Rilke o longo poema «Requiem por uma Amiga» que é ao mesmo tempo uma meditação sobre a morte, a vida e a arte, e uma homenagem póstuma. A morte da amiga constituiu uma perda real, pois o facto de ser prematura interrompeu um trabalho de transformação, tal como o poeta entende a actividade artística, trabalho que ela fazia de uma maneira exímia: «Confunde-me / que *tu* andes errante e venhas, tu que mais coisas / transformaste do que qualquer outra mulher». O impacto produzido pela sua morte leva a um questionamento e reavaliação da realidade até então conhecida, exigindo um trabalho de reordenamento de valores que, para lá de ser tarefa de todo aquele a quem o luto atinge, abrange a criação artística:

Não foi o terror o que nos invadiu quando morreste, não,
a tua intensa morte que obscuramente nos interrompeu,
rasgando o até então do desde então,
é essa que nos toca: ordená-lo será
o trabalho que em todas as coisas faremos.

O aqui e o agora é o que ainda não existe, porque ainda não passou pela transformação poética. O próprio «Requiem» é uma objectivação da dor passada e presente, que ainda não adquirira expressão, aspecto em que o poeta se encontra em falta, falando, por isso, do «pedir» da amiga que, de súbito, se torna espiritualmente presente. O que Rilke sente como pedido é o reconhecimento da obra da pintora e não propriamente o deambular por qualquer outro país em busca de experiências ou memórias. E então enumera vários traços da linguagem pictórica de Paula Becker, a partir da imagem dos frutos:

Pois isto tu compreendias: os frutos plenos.
Os que em taças punhas à tua frente
equilibrando com as cores todo o seu peso.
E, como frutos também, vias as mulheres
e vias as crianças, de dentro
impelidas para as formas da sua existência.
E por fim viste-te a ti própria como um fruto,
despojaste-te dos teus vestidos, levaste-te
para diante do espelho, deixaste-te entrar
até ao teu olhar; isto ficou grande, à tua frente,
e não dizia: isto sou eu; não, antes: isto é.
Tão sem curiosidade era por último o teu olhar
e tão despossuído, tão verdadeiramente pobre,
que nem a ti te desejava: sagrado.

E volta a lembrar o trabalho da artista mais adiante, quando se refere ao labor árduo da pintura, na metáfora do «tear», que ela foi capaz de aplicar de outra forma, na gestação da sua própria filha:

Como a tua vida foi breve, quando a comparas
àquelas horas em que estavas sentada e
em silêncio dobravas as múltiplas forças
do teu futuro múltiplo em direcção ao novo gérmen da tua filha,
que de novo era destino. Oh, doloroso trabalho.
Oh, trabalho acima das próprias forças. Fizeste-o
dia após dia, para ele te arrastavas
e tiraste essa bela trama do tear
e usaste de outro modo todos os teus fios.

É esta radicalidade que Rilke louva naquela artista particular como em toda a arte: a da objectivação, a da despersonalização, princípio orientador dos seus *Novos Poemas*, então recentemente publicados. A imagem do espelho no «Requiem» representa este princípio, na medida em que o estar dentro do espelho conta mais do que estar apenas diante dele — ver as coisas por dentro, a partir de dentro e não apenas na ilusão da sua superfície. Também os mortos são contemplados como «coisas», objectivamente, sem interferir a consciência do poeta, se bem que a complexidade desse estado não permita uma denominação correcta: «Compreender que estás aqui. Compreendo. / Tal como um cego apreende uma coisa perto dele / sinto a tua sorte e nenhum nome encontro que lhe sirva». A partir deste momento do poema, inicia-se a parte mais elegíaca ou da lamentação da morte precoce: «as sementes ainda verdes / das quais haveria de germinar a tua morte: a tua, / a tua própria morte para a tua própria vida» — morte de parto, interrompendo um trabalho dedicado e fulgurante. O lamento é partilhado com a morta e é dilacerado por parte do poeta:

> (...) Tudo passa e se esvai em palavras.
> Por isso tens de vir, morta, e aqui, comigo,
> repor os prantos. Ouves o meu lamento?
> Gostaria de lançar a minha voz como um pano
> sobre os restos da tua morte,
> e lançá-la até se fazer em farrapos,
> e tudo o que digo deveria andar
> andrajoso nesta voz e tiritar de frio;
> se lamentar bastasse. (...)

Na penúltima parte do poema o tom é acusatório: põe-se em questão o amor-posse por causar efeitos como a morte da pessoa amada. O poeta acusa o homem de falso amor, de prisão e de injustiça para com a mulher amada. A isso contrapõe o seu próprio topos do amor sem objecto (ou «intransitivo») como exigência e mesmo única possibilidade: «Onde nós amamos, apenas temos isto: / deixarmo-nos; pois prendermo-nos / não custa e nem sequer é preciso sabê-lo».

A última parte do poema glosa esta última ideia, aplicada à criação artística: «As mulheres sofrem: amar é estar só, / e os artistas pressentem muitas vezes no seu labor / que devem transformar aquilo que amam». Esse foi o caminho trilhado pela pintora, no desejo de «um longo labor» que, pela ocorrência da morte, «ficou por fazer», sem atingir a «fama» pelo seu mérito e não pela vontade da artista. Precisamente porque tal pode ser o destino de qualquer criador de arte, o poeta interpela a amiga morta, pedindo-lhe, por sua vez, ajuda, como se lhe dirigisse uma prece. A ajuda suplicada reverteria no reconhecimento e no anúncio da «antiga inimizade / entre a vida e a grandeza da obra», na solidão essencial, necessária ao erguer de uma obra que perdure, pois: «nós, sem saber quando, / deslizamos do nosso progresso / para qualquer coisa que não queríamos, na qual / nos enredamos como num sonho / e na qual morremos, sem acordar». A morte «fora de tempo» pode ser nefasta à obra. Rilke, porém, não veio a passar por semelhante experiência pois quando morre, em 1926, a sua obra maior *As Elegias de Duíno e Os Sonetos a Orfeu* está cumprida e a restante em boa parte traduzida noutras línguas.

Os quatro últimos versos do «Requiem» reiteram o pedido de ajuda no interior do poeta, ao mesmo tempo que dão forma ao desejo de afastamento definitivo da amiga para que descanse eternamente no reino dos mortos:

> Não voltes. Se puderes suportá-lo, fica
> morta entre os mortos. Os mortos estão ocupados.
> Porém ajuda-me, de modo que isso não te distraia,
> como o mais longínquo muitas vezes me ajuda: dentro de mim.

Este longo poema antecipa, em parte, alguns aspectos de *As Elegias de Duíno*, onde a distinção ou a quase indistinção entre a vida e a morte adquirem a sua máxima expressão, como podemos ler no final d'«A Primeira Elegia»: «Estar morto / é laborioso e cheio de recomeços, até que aos poucos / nos apercebamos da eternidade. — Mas todos os vivos / cometem o erro de fazer distinções demasiado rígidas. / Os Anjos, diz-se, não sabem muitas vezes se se movem / por entre os vivos ou por entre os mortos». E um pouco mais adiante, referindo-se aos que precocemente morreram, lê-se o seguinte: «Mas nós, que de tão grandes mistérios necessitamos, nós para quem o luto / é tão frequentemente a fonte de feliz amadurecimento —: poderíamos sem eles existir?»

Maria Teresa Dias Furtado

Bibliografia

Rainer Maria Rilke, «Rilke Werke». *Kommentierte Ausgabe in vier Bänden.* Vol. I Gedichte 1895 bis 1910. Vol. II Gedichte 1910 bis 1926. Org. Ulrich Fülleborn und Manfred Engel. Frankfurt am Main, Leipzig. Insel Verlag, 1996.

*Rainer Maria Rilke und die bildende Kunst seiner Zeit.* Org. Gisela Götte und Jo-Anne Birnie Danzker. München, New York. Prestel Verlag, 1996.

Alberto Caeiro, *Poesia.* Edição Fernando Cabral Martins, Richard Zenith. Lisboa, Assírio & Alvim, 2001.

Maria Teresa Furtado et allii, *Rilke, 70 anos depois. Colóquio Interdisciplinar.* Lisboa, Colibri, 1997.

Ana Hatherly, *Rilkeana.* Lisboa, Assírio & Alvim, 1999.

O Castelo de Duíno, sobre o Adriático.

Rainer Maria Rilke na varanda de Muzot.

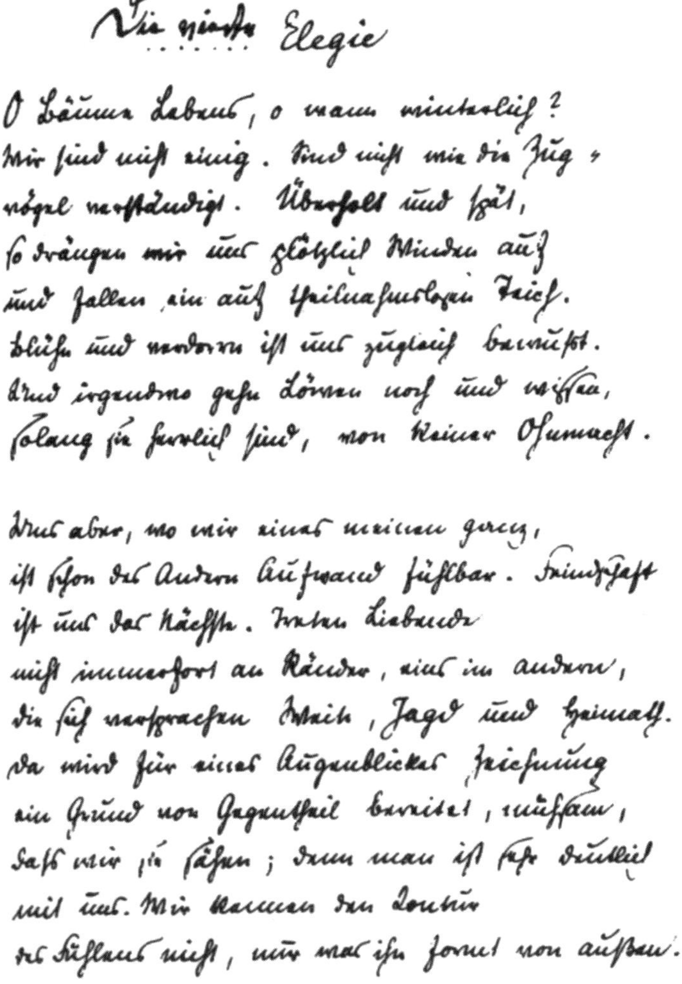

Die vierte Elegie

O Bäume Lebens, o wann winterlich?
Wir sind nicht einig. Sind nicht wie die Zug-
vögel verständigt. Überholt und spät,
so drängen wir uns plötzlich Winden auf
und fallen ein auf teilnahmslosen Teich.
Blühn und verdorrn ist uns zugleich bewußt.
Und irgendwo gehn Löwen noch und wissen,
solang sie herrlich sind, von keiner Ohnmacht.

Uns aber, wo wir Eines meinen, ganz,
ist schon des Andern Aufwand fühlbar. Feindschaft
ist uns das Nächste. Treten Liebende
nicht immerfort an Ränder, eins im andern,
die sich versprachen Weite, Jagd und Heimat.
Da wird für eines Augenblickes Zeichnung
ein Grund von Gegenteil bereitet, mühsam,
daß wir sie sähen; denn man ist sehr deutlich
mit uns. Wir kennen den Kontur
des Fühlens nicht, nur was ihn formt von außen.
. . . . . . . . . . . . . . . . . . . . . . . . . . . . . .

Fac-símile do manuscrito de Rilke («A Quarta Elegia») para Lou Andreas-Salomé.

Rilke desenhado por Emil Orlik.

# AS ELEGIAS DE DUÍNO

*propriedade da Princesa*
*Marie von Thurn und Taxis-Holenlohe*
*(1912 / 1922)*

## DIE ERSTE ELEGIE

Wer, wenn ich schriee, hörte mich denn aus der Engel
Ordnungen? Und gesetzt selbst, es nähme
einer mich plötzlich ans Herz: ich verginge von seinem
stärkeren Dasein. Denn das Schöne ist nichts
als des Schrecklichen Anfang, den wir noch grade ertragen,
und wir bewundern es so, weil es gelassen verschmäht,
uns zu zerstören. Ein jeder Engel ist schrecklich.
Und so verhalt ich mich denn und verschlucke den Lockruf
dunkelen Schluchzens. Ach, wen vermögen
wir denn zu brauchen? Engel nicht, Menschen nicht,
und die findigen Tiere merken es schon,
daß wir nicht sehr verläßlich zu Haus sind
in der gedeuteten Welt. Es bleibt uns vielleicht
irgend ein Baum an dem Abhang, daß wir ihn täglich
wiedersähen; esbleibt uns die Straße von gestern
und das verzogene Treusein einer Gewohnheit,
der es bei uns gefiel, und so blieb sie und ging nicht.
O und die Nacht, die Nacht, wenn der Wind voller Weltraum
Uns am Angesicht zehrt —, wem bliebe sie nicht, die ersehnte,
sanft enttäuschende, welche dem einzelnen Herzen
mühsam bevorsteht. Ist sie den Liebenden leichter?
Ach, sie verdecken sich nur mit einander ihr Los.
Weißb du's *noch* nicht? Wir aus den Armen die Leere
zu den Räumen hinzu, die wir atmen; vielleicht daß die Vögel
die erweiterte Luft fühlen mit innigerm Flug.

# A PRIMEIRA ELEGIA

Se eu gritar, quem poderá ouvir-me, nas hierarquias
dos Anjos? E, se até algum Anjo de súbito me levasse
para junto do seu coração: eu sucumbiria perante a sua
natureza mais potente. Pois o belo apenas é
o começo do terrível, que só a custo podemos suportar,
e se tanto o admiramos é porque ele, impassível, desdenha
destruir-nos. Todo o Anjo é terrível.
Por isso me contenho e engulo o apelo
deste soluço obscuro. Ai de nós, mas quem nos poderia
valer? Nem Anjos, nem homens,
e os argutos animais sabem já
que nós no mundo interpretado não estamos
confiantes nem à vontade. Resta-nos talvez
uma árvore na encosta que possamos rever
diariamente; resta-nos a rua de ontem
e a fidelidade continuada de um hábito,
que a nós se afeiçoou e em nós permaneceu.
Oh, e a noite, a noite, quando o vento, cheio do espaço do universo
nos devora o rosto —, por quem não permaneceria ela, a desejada,
suavemente enganadora, que com tanto esforço se ergue frente
ao coração isolado? Será ela para os amantes menos dura?
Ah, um com o outro eles se ocultam da sua própria sorte, apenas.
Acaso não o sabias *já*? Lança de teus braços o vazio
em direcção aos espaços que respiramos; talvez que as aves
num voo mais íntimo sintam o ar assim expandido.

Ja, die Frühlinge brauchten dich wohl. Es muteten manche
Sterne dir zu, daß du sie spürtest. Es hob
sich eine Woge heran im Vergangenen, oder
da du vorüberkamst am geöffneten Fenster,
gab eine Geige sich hin. Das alles war Auftrag.
Aber bewältigtest du's? Warst du nicht immer
noch von Erwartung zerstreut, als kündigte alles
eine Geliebte dir an? (Wo willst du sie bergen,
da doch die großen fremden Gedanken bei dir
aus und ein gehn und öfters bleiben bei Nacht.)
Sehnt es dich aber, so singe die Liebenden; lange
noch nich unsterblich genug ist ihr berühmtes Gefühl.
Jene, du neidest sie fast, Verlassenen, die du
so viel liebender fandst als die Gestillten. Beginn
immer von neuem die nie zu erreichende Preisung;
denk: es erhält sich der Held, selbst der Untergang war ihm
nur ein Vorwand, zu sein: seine letzte Geburt.
Aber die Liebenden nimmt die erschöpfte Natur
in sich zurück, als wären nicht zweimal die Kräfte,
dieses zu leisten. Hast du der Gaspara Stampa
denn genügend gedacht, daß irgend ein Mädchen,
dem der Geliebte entging, am gesteigerten Beispiel
dieser Liebenden fühlt: daß ich würde wie sie?
Sollen nicht endlich uns diese ältesten Schmerzen
fruchtbarer werden? Ist es nicht Zeit, daß wir liebend
uns vom Geliebten befrein und es bebend bestehn:
wie der Pfeil die Sehne besteht, um gesammelt im Absprung
*mehr* zu sein als er selbst. Denn Bleiben ist nirgends.

Sim, na verdade as Primaveras precisavam de ti. Muitas estrelas
aguardavam que nelas reparasses. Para ti
se erguia uma vaga no findo passado; ou,
ao passares por uma janela aberta,
um violino entregava-se-te. E tudo isso era para ti uma missão.
Mas soubeste cumpri-la? Não te distraía a contínua
expectativa, como se tudo te anunciasse
a Amada? (Como a poderias acolher em ti,
se grandes e estranhos pensamentos te invadem
ou abandonam ou em ti permanecem ao longo da noite?)
Se porém estás saudoso, canta as Amantes, cujo
celebrado sentir todavia está longe de ser imortalizado.
Canta, e como tu as invejas quase, as que foram abandonadas, cujo amor
te parece maior, do que o daquelas que o viram apaziguado. Não cesses
de recomeçar esse sempre insuficiente louvor;
e pensa: o herói dura sempre; até a sua queda mais não foi
do que o simples pretexto para o seu derradeiro nascimento.
Mas as Amantes são acolhidas de novo na esvaída natureza,
pois as forças que tudo isto produzem
não existem duas vezes. Terás tu cantado de Gaspara Stampa
já suficientemente a lembrança, para que a jovem mulher
a quem o amado deixou, possa sentir
pelo sublime exemplo de uma tal Amante: Ah, ser como ela!
Não será tempo de estas dores antiquíssimas se tornarem
finalmente fecundas? E não será tempo de nós,
os que amamos, nos libertarmos de quem amamos, como trémulos
vencedores?
De sermos como a flecha que, vencendo o arco, se solta, toda ímpeto,
passando a ser *mais* do que ela própria? Pois em nenhum lugar se
permanece imóvel.

Stimmen, Stimmen. Höre, mein Herz, wie sonst nur
Heilige hörten: daß sie der riesige Ruf
aufhob vom Boden; sie aber knieten,
Unmögliche, weiter und achtetens nicht:
*So* waren sie hörend. Nicht, daß du *Gottes* ertrügest
die Stimme, bei weitem. Aber das Wehende höre,
die ununterbrochene Nachricht, die aus Stille sich bildet.
Es rauscht jetzt von jenen jungen Toten zu dir.
Wo immer du eintratst, redete nicht in Kirchen
zu Rom und Neapel ruhig ihr Schicksal dich an?
Oder es trug eine Inschrift sich erhaben dir auf,
wie neulich die Tafel in Santa Maria Formosa.
Was sie mir wollen? Leise soll ich des Unrechts
Anschein abtun, der ihrer Geister
reine Bewegung manchmal ein wenig behindert.

Freilich ist es seltsam, die Erde nicht mehr zu bewohnen,
kaum erlernte Gebräuche nicht mehr zu üben,
Rosen, und andern eigens versprechenden Dingen
nicht die Bedeutung menschlicher Zukunft zu geben;
das, was man war in unendlich ängstlichen Händen,
nicht mehr zu sein, und selbst den eigenen Namen
wegzulassen wie ein zerbrochenes Spielzeug.
Seltsam, die Wünsche nicht weiterzuwünschen. Seltsam,
alles, was sich bezog, so lose im Raume
falttern zu sehen. Und das Totsein ist mühsam
und voller Nachholn, daß man allmählich ein wenig
Ewigkeit spürt. — Aber Lebendige machen
alle den Fehler, daß sie zu stark unterscheiden.

Vozes, vozes. Ouve-as, ó meu coração, como outrora apenas
os santos as ouviam: de tal modo que o apelo imenso
os erguia do solo; contudo permaneciam ajoelhados,
inconcebivelmente, a isso desatentos:
ouvir: era *assim* todo o seu estar. Mas tu não poderias sequer em ti escutar
a voz de *Deus*. Ouve, porém, o sopro, ininterrupta mensagem
que a ti chega, modelado no silêncio.
E agora ouves o murmúrio dos jovens que morreram.
Na verdade, onde quer que entrasses, fosse em igrejas
de Roma ou de Nápoles, não era o destino deles que no silêncio te
interpelava?
Ou, então, uma inscrição sublime te impressionava,
como a da lápide que há pouco viste em Santa Maria Formosa.
Que esperam todos eles de mim? Tenho de serenamente retirar-lhes
o véu de injustiça que por vezes perturba
o puro movimento dessas almas.

É certo ser estranho não mais habitar a terra,
não mais agir conforme o que mal acabáramos de aprender,
não mais dar às rosas, e a todas as outras coisas identicamente promissoras
o significado do humano futuro;
não mais ser o que se tinha sido
em infinitamente angustiadas mãos, e abandonar até
o próprio nome, como se fosse um brinquedo quebrado.
É estranho não mais desejos desejar. Estranho,
passar a ver sem conexão, disperso pelo espaço,
tudo o que antes tinha unidade. Estar morto
é laborioso e cheio de recomeços, até que aos poucos
nos apercebamos da eternidade. — Mas todos os vivos
cometem o erro de fazer distinções demasiado rígidas.
Os Anjos, diz-se, não sabem muitas vezes se se movem

Engel (sagt man) wüßten oft nicht, ob sie unter
Lebenden gehn oder Toten. Die ewige Strömung
reißt durch beide Bereiche alle Alter
immer mit sich und übertönt sie in beiden.
Schließlich brauchen sie uns nicht mehr, die Früheentrückten,
man entwöhnt sich des Irdischen sanft, wie man den Brüsten
milde der Mutter entwächst. Aber wir, die so große
Geheimnisse brauchen, denen aus Trauer so oft
seliger Fortschritt entspringt —: *könnten* wir sein ohne sie?
Ist die Sage umsonst daß einst in der Klage um Linos
wagende erste Musik dürre Erstarrung durchdrang;
daß erst im erschrockenen Raum, dem ein beinah göttlicher Jüngling
plötzlich für immer enttrat, das Leere in jene
Schwingung geriet, die uns jetzt hinreißt und tröstet und hilft.

por entre os vivos ou por entre os mortos. A eterna corrente
consigo arrasta incessantemente todas as idades,
através destes dois domínios, e o seu som a ambos se impõe.
Afinal, de nós já não precisam aqueles que tão cedo nos foram arrebatados,
suavemente se vai perdendo o gosto pelo que é terreno, tal como ao crescer
nos desprendemos da doçura do peito materno.
Mas nós, que de tão grandes mistérios necessitamos, nós para quem o luto
é tão frequentemente a fonte de feliz amadurecimento —: poderíamos sem
eles existir?
Ou será vã a lenda de que foi outrora, ao prantear-se Lino,
que a primeira música ousou penetrar na aridez do espanto?
Então, apenas quando esse jovem, quase um deus, de súbito
no espaço do terror para sempre se ocultava, o vazio
atingiu por fim a vibração que agora nos arrebata, nos consola, nos ajuda.

## DIE ZWEITE ELEGIE

JEDER Engel ist schrecklich. Und dennoch, weh mir,
ansing ich euch, fast tödliche Vögel der Seele,
wissend um euch. Wohin sind die Tage Tobiae,
da der Strahlendsten einer stand an der einfachen Haustür,
zur Reise ein wenig verkleidet und schon nicht mehr furchtbar;
(Jüngling dem Jüngling, wie er neugierig hinaussah).
Träte der Erzengel jetzt, der gefährliche, hinter den Sternen
eines Schrittes nur nieder und herwärts: hochauf-
schlagend erschlüg uns das eigene Herz. Wer seid ihr?

Frühe Geglückte, ihr Verwöhnten der Schöpfung,
Höhenzüge, morgenrötliche Grate
aller Erschaffung, — Pollen der blühenden Gottheit,
Gelenke des Lichtes, Gänge, Treppen, Throne,
Raüme aus Wesen, Schilde aus Wonne, Tumulte
stürmisch entzückten Gefühls und plötzlich, einzeln,
*Spiegel*: die die entströmte eigene Schönheit
wiederschöpfen zurück in das eigene Antlitz.

Denn wir, wo wir fühlen, verflüchtigen; ach wir
atmen uns aus und dahin; von Holzglut zu Holzglut
geben wir schwächern Geruch. Da sagt uns wohl einer:
ja, du gehst mir ins Blut, dieses Zimmer, der Frühling
füllt sich mit dir... Was hilfts, er kann uns nicht halten,
wir schwinden in ihm und um ihn. Und jene, die schön sind,

# A SEGUNDA ELEGIA

TODO o Anjo é terrível. No entanto, ai de mim!
pelo canto vos invoco, aves da alma quase mortais,
por saber o que sois. Para onde foram os dias de Tobias,
quando um de entre os mais luminosos apareceu, no simples limiar da entrada,
um pouco diferente, em traje de viagem, já nada aterrador;
(Um jovem para outro jovem, quando este curiosamente olhou para o
exterior).
Mas se agora esse Arcanjo dos perigos, de detrás das estrelas,
descesse até nós, um só passo que fosse, o nosso coração,
pulsando violentamente, far-nos-ia perecer. Quem sois, afinal?

Seres desde o início felizes, excessos da Criação,
cumeadas, cimos no alvorecer
de tudo o Criado —, pólen da floração divina,
elos de luz, cadências, escadarias, tronos,
espaços de puro ser, escudos de deleite, tumultos
de um deslumbrado sentir impetuoso e, de súbito, cada um
é um *espelho*: e a sua beleza irreprimível
de novo é recolhida no seu próprio rosto.

Porém nós, ao sentir, desvanecemo-nos. Ai de nós,
ao respirar nos extinguimos; de brasido em brasido
vamos perdendo o nosso aroma. E alguém nos diz:
sim, tu corres no meu sangue, tu enches
este quarto, a Primavera... Para quê? Não pode deter-nos,
em si e em seu redor nos ocultamos. E os que são belos,

o wer hält sie zurück? Unaufhörlich steht Anschein
auf in ihrem Gesicht und geht fort. Wie Tau von dem Frühgras
hebt sich das Unsre von uns, wie die Hitze von einem
heißen Gericht. O Lächeln, wohin? O Aufschaun:
neue, warme, entgehende Welle des Herzens —;
weh mir: wir *sinds* doch. Schmeckt denn der Weltraum,
in den wir uns lösen, nach uns? Fangen die Engel
wirklich nur Ihriges auf, ihnen Entströmtes,
oder ist manchmal, wie aus Versehen, ein wenig
unseres Wesens dabei? Sind wir in ihre
Züge soviel nur gemischt wie das Vage in die Gesichter
schwangerer Frauen? Sie merken es nicht in dem Wirbel
ihrer Rückkehr zu sich. (Wie sollten sie's merken.)

Liebende könnten, verstünden sie's, in der Nachtluft
wunderlich reden. Denn es scheint, daß uns alles
verheimlicht. Siehe, die Bäume *sind*; die Häuser,
die wir bewohnen, bestehn noch. Wir nur
ziehen allem vorbei wie ein luftiger Austausch.
Und alles ist einig, uns zu verschweigen, halb als
Schande vielleicht und halb als unsägliche Hoffnung.

Liebende, euch, ihr in einander Genügten,
frag ich nach uns. Ihr greift euch. Habt ihr Beweise?
Seht, mir geschiehts, daß meine Hände einander
inne werden oder daß mein gebrauchtes
Gesicht in ihnen sich schont. Das giebt mir ein wenig
Empfindung. Doch wer wagte darum schon zu *sein*?
Ihr aber, die ihr im Entzücken des anderen
zunehmt, bis er euch überwältigt

quem poderá impedi-los de partir? No seu rosto se levanta incessantemente
e se esvai a aparência. Tal como o orvalho matinal sobre a erva
o que é nosso evapora-se de nós, como o calor de um
prato fumegante. Oh, sorrir para onde? Oh, erguer os olhos:
afastando-se ao longe, a onda do coração, nova e cálida —;
ai de mim! é o que nós *somos*. Ficará nos espaços
em que nos dissolvemos o nosso sabor? Os Anjos apenas
apreenderão o que é seu, o que de si irradia
ou por vezes como por engano algo
de nós neles fica? Haverá nos seus
traços um pouco de nós, tal como o vago
no rosto das mulheres grávidas? Mas tudo isso
lhes é alheio, na vertigem do regresso a si. (Como poderiam aperceber-se
disso?)

Se o entendessem, os Amantes poderiam, na aragem nocturna,
falar de estranhas coisas. Tudo parece ocultar-nos.
Eis que as árvores *são*; as casas
onde vivemos existem ainda. Apenas nós
passamos por tudo numa troca de ar.
E tudo unanimemente nos silencia, em parte por
vergonha talvez e em parte por indizível esperança.

Amantes, a vós, que um no outro vos bastais
pergunto eu por nós. Estendeis as mãos um ao outro. Que provas tendes?
Olhai, as minhas mãos apercebem-se de que
são cada uma delas e o meu rosto gasto
nelas se poupa. Isso dá-me uma ligeira
sensação. Mas quem ousaria só por isso *ser*?
Porém, a vós que no deslumbramento do outro
cresceis até que ele, subjugado,

anfleht: nicht *mehr* —; die ihr unter den Händen
euch reichlicher werdet wie Traubenjahre;
die ihr manchmal vergeht, nur weil der andre
ganz überhandnimmt: euch frag ich nach uns. Ich weiß,
ihr berührt euch so selig, weil die Liebkosung verhält,
weil die Stelle nicht schwindet, die ihr, Zärtliche,
zudeckt; weil ihr darunter das reine
Dauern verspürt. So versprecht ihr euch Ewigkeit fast
von der Umarmung. Und doch, wenn ihr der ersten
Blicke Schrecken besteht und die Sehnsucht am Fenster,
und den ersten gemeinsamen Gang, *ein* Mal durch den Garten:
Liebende, *seid* ihrs dann noch? Wenn ihr einer dem andern
euch an den Mund hebt und ansetzt —: Getränk an Getränk:
o wie entgeht dann der Trinkende seltsam der Handlung.

Erstaunte euch nicht auf attischen Stelen die Vorsicht
menschlicher Geste? war nicht Liebe und Abschied
so leicht auf die Schultern gelegt, als wär es aus anderm
Stoffe gemacht als bei uns? Gedenkt euch der Hände,
wie sie drucklos beruhen, obwohl in den Torsen die Kraft steht.
Diese Beherrschten wußten damit: so weit sind wirs,
*dieses* ist unser, uns *so* zu berühren; stärker
stemmen die Götter uns an. Doch dies ist Sache der Götter.

Fänden auch wir ein reines, verhaltenes, schmales
Menschliches, einen unseren Streifen Fruchtlands
zwischen Strom und Gestein. Denn das eigene Herz übersteigt uns
noch immer wie jene. Und wir können ihm nicht mehr
nachschaun in Bilder, die es besänftigen, noch in
göttliche Körper, in denen es größer sich mäßigt.

vos implora: *mais* não —; a vós que sob as mãos
tendes maior riqueza do que a das vindimas;
a vós que muitas vezes pereceis só porque o outro
tanto vos excede: eu pergunto por nós. Bem sei,
tocais-vos com tanta felicidade porque as carícias permanecem,
porque não desaparece o lugar que com ternura
cobris, porque debaixo pressentis a pura
permanência. Assim, vos prometeis a quase eternidade
do vosso abraço. Porém, quando vencerdes o susto
do primeiro olhar e a saudade à janela
e o primeiro passeio pelo jardim, *uma* vez:
continuareis vós, Amantes, a *sê-lo* do mesmo modo? Quando vos levais
à boca para beber —: bebida por bebida:
como abandona então, estranhamente, o que bebe esse acto de beber.

Acaso não vos surpreendeu nas áticas estelas funerárias a contenção
dos gestos humanos? Não pousavam amor e despedida
nos ombros tão levemente, como se fossem feitos de matéria
diferente da nossa? Recordai-vos das mãos,
suavemente apoiadas sem pressão, ainda que nos torsos haja força.
Senhores de si, cientes: este é o nosso limite,
*isto* é nosso — tocarmo-nos *assim*; os deuses
é que nos comprimem com mais força. Mas é próprio dos deuses.

Ah, pudéssemos nós encontrar algo humano
puro, contido, simples, uma estria nossa de terreno fértil,
entre rio e penhascos. Porque o nosso coração nos excede
tal como neles. E não podemos
segui-lo com os olhos em imagens que o apaziguem, nem em
corpos divinos em que, maior, se contém.

# DIE DRITTE ELEGIE

Eines ist, die Geliebte zu singen. Ein anderes, wehe,
jenen verborgenen schuldigen Fluß-Gott des Bluts.
Den sie von weitem erkennt, ihren Jüngling, was weiß er
selbst von dem Herren der Lust, der aus dem Einsamen oft,
ehe das Mädchen noch linderte, oft auch als wäre sie nicht,
ach, von welchem Unkenntlichen triefend, das Gotthaupt
aufhob, aufrufend die Nacht zu unendlichem Aufruhr.
O des Blutes Neptun, o sein furchtbarer Dreizack.
O der dunkele Wind seiner Brust aus gewundener Muschel.
Horch, wie die Nacht sich muldet und höhlt. Ihr Sterne,
stammt nicht von euch des Liebenden Lust zu dem Antlitz
seiner Geleibten? Hat er die innige Einsicht
in ihr reines Gesicht nicht aus dem reinen Gestirn?

Du nicht hast ihm, wehe, nicht seine Mutter
hat ihm die Bogen der Braun so zur Erwartung gespannt.
Nicht an dir, ihn fühlendes Mädchen, an dir nicht
bog seine Lippe sich zum fruchtbarern Ausdruck.
Meinst du wirklich, ihn hätte dein leichter Auftritt
also erschüttert, du, die wandelt wie Frühwind?
Zwar du erschrakst ihm das Herz; doch ältere Schrecken
stürzten in ihn bei dem berührenden Anstoß.
Ruf ihn… du rufst ihn nicht ganz aus dunkelem Umgang.
Freilich, er *will*, er entspringt; erleichtert gewöhnt er

# A TERCEIRA ELEGIA

UMA coisa é cantar a Amada. Outra, ai de mim,
cantar o oculto e culpado deus-rio do sangue.
Aquele de quem ela já de longe se apercebe, o seu jovem amado, que sabe
afinal do Senhor do deleite que tantas vezes na sua solidão,
antes ainda de receber o bálsamo da jovem amada, ou como se ela nem
sequer existisse,
embebido de não saber, ergueu a cabeça divina,
convocando a noite para uma rebelião sem fim?!
Oh, o Neptuno do Sangue, oh o seu terrível tridente!
Oh, o vento obscuro do seu peito, vindo da espiral de um búzio!
Escuta como a noite a si própria se escava e aplaina. Ó estrelas,
não é de vós que procede o deleite do amante em contemplar o rosto
da amada? Não provém esse seu íntimo, profundo olhar
dirigido ao puro rosto dela dos astros puros?

Nem foste tu, ai de mim, nem foi a sua mãe
quem lhe deu às sobrancelhas esse arco de expectativa.
Não junto de ti, jovem mulher que o sentes junto de ti
que os seus lábios se moveram em expressão mais fecunda.
Em verdade crês que foram os teus passos leves a comovê-lo,
tu, que passas como a aragem da manhã?
Foste tu, sim, quem lhe pôs o coração em sobressalto; porém mais antigos
sobressaltos
se apoderaram dele nesse leve toque.
Chama por ele... não totalmente o chamas para fora de um convívio
obscuro.
Sem dúvida, é ele que o *quer*, que se solta; aliviado, acostuma-se

sich in dein heimliches Herz und nimmt und beginnt sich.
Aber begann er sich je?
Mutter, *du* machtest ihn klein, du warsts, die ihn anfing;
dir war er neu, du beugtest über die neuen
Augen die freundliche Welt und wehrtest der fremden.
Wo, ach, hin sind die Jahre, da du ihm einfach
mit der schlanken Gestalt wallendes Chaos vertratst?
Vieles verbargst du ihm so; das nächtlich-verdächtige Zimmer
machtest du harmlos, aus deinem Herzen voll Zuflucht
mischtest du menschlichern Raum seinem Nacht-Raum hinzu.
Nicht in die Finsternis, nein, in dein näheres Dasein
hast du das Nachtlicht gestellt, und es schien wie aus Freundschaft.
Nirgends ein Knistern, das du nicht lächelnd erklärtest,
so als wüßtest du längst, *wann* sich die Diele benimmt...
Und er horchte und linderte sich. So vieles vermochte
zärtlich dein Aufstehn; hinter den Schrank trat
hoch im Mantel sein Schicksal, und in die Falten des Vorhangs
paßte, die leicht sich verschob, seine unruhige Zukunft.

Und er selbst wie er lag, der Erleichterte, unter
Schläfernden Lidern deiner leichten Gestaltung
Süße lösend in den gekosteten Vorschlaf —:
*schien* ein Gehüteter... Aber *innen*: wer wehrte,
hinderte innen in ihm die Fluten der Herkunft?
Ach, da *war* keine Vorsicht im Schlafenden; schlafend,
aber träumend, aber in Fiebern: wie er sich ein-ließ.
Er, der Neue, Scheuende, wie er verstrickt war,
mit des innern Geschehns weiterschlagenden Ranken
schon zu Mustern verschlugen, zu würgenden Wachstum, zu tierhaft
jagenden Formen. Wie er sich hingab —. Liebte

ao teu secreto coração e a si mesmo se toma e se começa.
Mas terá alguma vez começado?
Mãe, *tu* o fizeste pequeno, foste tu que o começaste;
para ti ele era novo e sobre esses olhos novos inclinaste
o mundo amável e deles apartaste o mundo estranho.
Mas, ai, onde os anos em que tu, só
com a tua esguia figura, detinhas o caos que pairava?
E assim lhe ocultaste muitas coisas; o quarto nocturnamente cheio de suspeitas
tornaste-lho inofensivo, e do teu coração repleto de refúgio
tiraste um espaço mais humano, juntando-o ao seu espaço-noite.
Não era no escuro, não, era no teu estar mais próxima
que tu colocavas a luz e ela brilhava, como se de amizade brilhasse.
Não havia rangido em parte alguma que não explicasses com um sorriso,
como se há muito soubesses *quando* o sobrado assim reage...
E ele escutava e serenava. De tanta coisa era capaz a tua terna presença
ali, de pé; atrás do armário desaparecia o seu destino
pelo casaco acima e nas pregas da cortina
cabia o seu inquietante futuro que assim, com leveza se adiava.

E ele próprio, ali deitado, alguém sem preocupações, sob
pálpebras sonolentas, dissolvendo
no sabor do adormecer a doçura da tua suave figuração —:
*parecia* estar protegido... Mas no seu *interior*: quem o defendia,
quem poderia nele deter as vagas da origem?
Ai, nenhum cuidado *existia* nesse que estava adormecido; a dormir,
mas a sonhar e febril: assim se deixava levar.
Como se encontrava preso, ele que era novo e retraído,
nas gavinhas avassaladoras do íntimo acontecer
já enleadas segundo moldes num crescimento sufocante, numa vertigem
de formas animalescas. Como ele se entregava. Amava.
Amava o seu íntimo, o ermo do seu íntimo,

Liebte sein Inneres, seines Inneren Wildnis,
diesen Urwald in ihm, auf dessen stummem Gestürztsein
lichtgrün sein Herz stand. Liebte. Verließ es, ging die
eigenen Wurzeln hinaus in gewaltigen Ursprung,
wo seine kleine Geburt schon überlebt war. Liebend
stieg er hinab in das ältere Blut, in die Schluchten,
wo das Furchtbare lag, noch satt von den Vätern. Und jedes
Schreckliche kannte ihn, blinzelte, war wie verständigt.
Ja, das Entsetzliche lächelte... Selten
hast du so zärtlich gelächelt, Mutter. Wie sollte
er es nicht lieben, da es ihm lächelte. *Vor* dir
hat ers geliebt, denn, da du ihn trugst schon,
war es im Wasser gelöst, das den Keimenden leicht macht.

Siehe, wir lieben nicht, wie die Blumen, aus einem
einzigen Jahr; uns steigt, wo wir lieben,
unvordenklicher Saft in die Arme. O Mädchen,
*dies*: daß wir liebten *in* uns, nicht Eines, ein Künftiges, sondern
das zahllos Brauende; nicht ein einzelnes Kind,
sondern die Väter, die wie Trümmer Gebirgs
uns im Grunde beruhn; sondern das trockene Flußbett
einstiger Mütter —; sondern die ganze
lautlose Landschaft unter dem wolkigen oder
reinen Verhängnis —: *dies* kam dir, Mädchen, zuvor.

Und du selber, was weißt du — du locktest
Vorzeit empor in dem Liebenden. Welche Gefühle
wühlten herauf aus entwandelten Wesen. Welche
Frauen haßten dich da. Was für finstere Männer

essa floresta virgem interior e nela, no seu silencioso estar a ser abatida,
se erguia ao seu coração verde-claro. Amava. E abandonou-o, seguindo
para lá das suas próprias raízes até à origem potente,
onde o seu minúsculo nascimento já fora ultrapassado. Amando,
desceu até ao sangue mais antigo, até aos abismos
do terror ainda saciado de seus antepassados. E todos
os horrores lhe eram familiares, lhe mostravam cumplicidade, num piscar
de olhos.

Sim, o espanto sorria... Raramente
lhe sorriste com tanta ternura, ó Mãe. E como não havia ele
de amar quem lhe sorria. *Antes* de ti, ele amou-o,
pois, mesmo quando já em ti o trazias,
estava diluído na água propícia a tudo o que germina.

Olha, nós não amamos, como as flores, ao longo de um
único ano; onde quer que amemos
impensável seiva nos aflui aos braços.
Ó jovem mulher, vê *isto*: nós amámos, *em* nós, não algo único, futuro,
mas sim
inúmera fermentação; não unicamente um filho,
mas os seus antepassados, que como escombros de montanha
repousam no nosso solo; amamos, sim, o leito seco de um rio
de mães de outrora —; amamos, sim, a inteira
paisagem silenciosa, sob a nebulosa ou nítida
fatalidade —: foi *isto*, ó jovem mulher, o que a ti se antecipou.

E tu própria, que sabes tu? —, trouxeste acima,
no amado, o seu tempo anterior. Que sentimentos subiam
em tumulto, vindos de seres já desaparecidos! Que
mulheres já então te odiavam! Que homens obscuros

regtest du auf im Geäder des Jünglings? Tote
Kinder wollten zu dir... O leise, leise,
tu ein liebes vor ihm, ein verläßliches Tagwerk, — führ ihn
nah an den Garten heran, gieb ihm der Nächte
Übergewicht......
Verhalt ihn......

agitavas nas veias do jovem? Crianças
mortas queriam acorrer a ti... Oh, suave, suavemente
oferece-lhe um trabalho quotidiano amável e confiante —, condu-lo
para perto do jardim, dá-lhe o excessivo peso
das noites......
Detém-no......

# DIE VIERTE ELEGIE

O Bäume Lebens, o wann winterlich?
Wir sind nicht einig. Sind nicht wie die Zug-
vögel verständigt. Überholt und spät,
so drängen wir uns plötzlich Winden auf
und fallen ein auf teilnahmslosen Teich.
Blühn und verdorrn ist uns zugleich bewußt.
Und irgendwo gehn Löwen noch und wissen,
solang sie herrlich sind, von keiner Ohnmacht.

Uns aber, wo wir Eines meinen, ganz,
ist schon des andern Aufwand fühlbar. Feindschaft
ist uns das Nächste. Treten Liebende
nicht immerfort an Ränder, eins im andern,
die sich versprachen Weite, Jagd und Heimat.
Da wird für eines Augenblickes Zeichnung
ein Grund von Gegenteil bereitet, mühsam,
daß wir sie sähen; denn man ist sehr deutlich
mit uns. Wir kennen den Kontur
des Fühlens nicht: nur, was ihn formt von außen.
Wer saß nicht bang vor seines Herzens Vorhang?
Der schlug sich auf: die Szenerie war Abschied.
Leicht zu verstehen. Der bekannte Garten,
und schwankte leise: dann erst kam der Tänzer.
Nicht *der*. Genug! Und wenn er auch so leicht tut,

# A QUARTA ELEGIA

Ó ÁRVORES da vida, para quando o vosso Inverno?
Nós não estamos em conformidade. Não como aves migradoras
somos unânimes. Ultrapassados e tardios,
de súbito nos enredamos em ventos
e caímos num charco indiferente.
Florir e murchar são-nos ambos conhecidos.
Em algum lugar andam leões ainda, desconhecendo,
enquanto magníficos, toda a impotência.

Nós, porém, quando tendemos inteiramente para Uma coisa
logo sentimos o excesso de outra. A inimizade
é-nos próxima. Os próprios amantes que um ao outro
se prometiam imensidão, coutada e pátria,
não deparam constantemente com limites?
    Para o esboço de um momento
prepara-se, então, um fundo contraditório, esforçadamente,
para que o vejamos; pois é-se muito preciso
connosco. Desconhecemos o contorno
do sentir: apenas sabemos o que do exterior lhe dá a forma.
    Quem de angústia não se mina ao ver do coração a cortina?
Ela descerrou-se: a cena era de despedida.
Fácil de entender. O já conhecido jardim
levemente balançando: só então apareceu o bailarino.
Não *o* bailarino. Basta! E, por muito leve que se faça,

er ist verkleidet und er wird ein Bürger
und geht durch seine Küche in die Wohnung.
　Ich will nicht diese halbgefüllten Masken,
lieber die Puppe. Die ist voll. Ich will
den Balg aushalten und den Draht und ihr
Gesicht aus Aussehn. Hier. Ich bin davor.
Wenn auch die Lampen ausgehn, wenn mir auch
gesagt wird: Nichts mehr —, wenn auch von der Bühne
das Leere herkommt mit dem grauen Luftzug,
wenn auch von meinen stillen Vorfahrn keiner
mehr mit mir dasitzt, keine Frau, sogar
der Knabe nicht mehr mit dem braunen Schielaug:
Ich bleibe dennoch. Es giebt immer Zuschaun.

Hab ich nicht recht? Du, der um mich so bitter
das Leben schmeckte, meines kostend, Vater,
den ersten trüben Aufguß meines Müssens,
da ich heranwuchs, immer wieder kostend
und, mit dem Nachgeschmack so fremder Zukunft
beschäftigt, prüftest mein beschlagnes Aufschaun, —
der du, mein Vater, seit du tot bist, oft
in meiner Hoffnung, innen in mir, Angst hast,
und Gleichmut, wie ihn Tote haben, Reiche
von Gleichmut, aufgiebst für mein bißchen Schicksal,
hab ich nicht recht? Und ihr, hab ich nicht recht,
die ihr mich liebtet für den kleinen Anfang
Liebe zu euch, von dem ich immer abkam,
weil mir der Raum in eurem Angesicht,
da ich ihn liebte, überging in Weltraum,

é apenas um disfarce e ele torna-se um burguês
e entra em casa pela porta da cozinha.
  Recuso estas máscaras só meio preenchidas,
prefiro um fantoche. É pleno. Quero
ficar ao pé do corpo do boneco e do cordel e do seu
rosto de aparência. Aqui. Diante de tudo.
Mesmo se as luzes se apagarem e me
disserem: acabou —, mesmo se do palco descer
o vazio numa corrente de ar soturno,
mesmo que nenhum dos meus silenciosos antepassados,
ali sentado, me não acompanhe, nenhuma mulher, nem
sequer o rapazinho de olhos castanhos e vesgos:
mesmo assim ficarei: Espectador pode ser-se sempre.

Não terei eu razão? Tu, a quem a vida
tão amargamente soube, ao provares, pai, a minha vida,
repetidamente provando, a primeira turva infusão do meu dever,
à medida que eu crescia,
apreensivo pelo ressaibo de tão estranho futuro,
examinavas o embaciado erguer do meu olhar —,
meu pai, tu que, desde que estás morto, tantas vezes
continuas a ter medo por dentro desta esperança, em mim,
e que, por causa do destino que me cabe, renuncias
à impassibilidade própria dos mortos,
aos domínios da impassibilidade,
não terei eu razão? Não terei eu razão, ó vós
que me amáveis pelo começo ínfimo
de amor por vós que eu sempre abandonava,
porque ao amar o espaço, no vosso rosto, aquele

in dem ihr nicht mehr wart...: wenn mir zumut ist,
zu warten vor der Puppenbühne, nein,
so völlig hinzuschaun, daß, um mein Schauen
am Ende aufzuwiegen, dort als Spieler
ein Engel hinmuß, der die Bälge hochreißt.
Engel und Puppe: dann ist endlich Schauspiel.
Dann kommt zusammen, was wir immerfort
entzwein, indem wir da sind. Dann entsteht
aus unsern Jahreszeiten erst der Umkreis
des ganzen Wandelns. Über uns hinüber
spielt dann der Engel. Sieh, die Sterbenden,
sollten sie nicht vermuten, wie voll Vorwand
das alles ist, was wir hier leisten. Alles
ist nicht es selbst. O Stunden in der Kindheit,
da hinter den Figuren mehr als nur
Vergangnes war und vor uns nicht die Zukunft.
Wir wuchsen freilich und wir drängten manchmal,
bald groß zu werden, denen hald zulieb,
die andres nicht mehr hatten, als das Großsein.
Und waren doch, in unserem Alleingehn,
mit Dauerndem vergnügt und standen da
im Zwischenraume zwischen Welt und Spielzeug,
an einer Stelle, die seit Anbeginn
gegründet war für einen reinen Vorgang.

Wer zeigt ein Kind, so wie es steht? Wer stellt
es ins Gestirn und giebt das Maß des Abstands
ihm in die Hand? Wer macht den Kindertod
aus grauem Brot, das hart wird, — oder läßt

passava a ser o espaço do universo,
em que não vos encontráveis já...: quando me disponho
a esperar diante do teatro de fantoches, ou antes,
a olhar para ele tão integralmente, que, por fim,
para recompensa do meu olhar, um Anjo
aparece, actor que os bonecos puxa para o alto.
Anjo e fantoche: finalmente começa o espectáculo.
Então se unifica o que continuamente
dividimos, ao existirmos. Então surge
das nossas estações do ano, o círculo
do nosso caminhar. Acima, e por cima de nós,
actua então o Anjo. Olha, os moribundos,
não haveriam eles de suspeitar que tudo o que aqui
realizamos é pura justificação? Nada
o é em si mesmo. Ó horas da infância,
em que por detrás das figuras havia mais do que somente
passado e em que o futuro não estava ainda à nossa frente.
Decerto crescíamos, tantas vezes ansiosos
por sermos depressa grandes, em parte por amor àqueles
que mais nada tinham além de já serem grandes.
Porém, no nosso solitário andar, alegrávamo-nos
com tudo o que dura, no espaço intervalar entre o mundo e os brinquedos,
num lugar que desde o início
fora criado para o puro acontecer.

Quem saberá mostrar uma criança, no seu estar? Quem a
coloca entre os astros e lhe põe na mão
a medida da distância? Quem molda a morte dessa criança,
em pão escuro, que endurece —, ou lha deixa

ihn drin im runden Mund, so wie den Gröps
von einem schönen Apfel?... Mörder sind
leicht einzusehen. Aber dies: den Tod,
den ganzen Tod, noch *vor* dem Leben so
sanft zu enthalten und nicht bös zu sein,
ist unbeschreiblich.

dentro da redondez da boca, como se fosse o interior
de uma bela maçã?... Entendemos facilmente
um assassino. Mas não isto: ela conter
assim tão suavemente a morte, a morte por inteiro,
ainda *antes* da vida, e não ser má,
é indescritível.

## DIE FÜNFTE ELEGIE

*Frau Hertha Koenig zugeeignet*

Wer aber *sind* sie, sag mir, die Fahrenden, diese ein wenig
Flüchtigern noch als wir selbst, die dringend von früh an
wringt ein *wem, wem* zu Liebe
niemals zufriedener Wille? Sondern er wringt sie,
biegt sie, schlingt sie und schwingt sie,
wirft sie und fängt sie zurück; wie aus geölter,
glatterer Luft kommen sie nieder
auf dem verzehrten, von ihrem ewigen
Aufsprung dünneren Teppich, diesem verlorenen
Teppich im Weltall.
Aufgelegt wie ein Pflaster, als hätte der Vorstadt-
Himmel der Erde dort wehe getan.
Und kaum dort,
aufrecht, da und gezeigt: des Dastehns
großer Anfangsbuchstab..., schon auch, die stärksten
Männer, rollt sie wieder, zum Scherz, der immer
kommende Griff, wie August der Starke bei Tisch
einen zinnenen Teller.

Ach und um diese
Mitte, die Rose des Zuschauns:
blüht und entblättert. Um diesen
Stampfer, den Stempel, den von dem eignen
blühenden Staub getroffnen, zur Scheinfrucht
wieder der Unlust befruchteten, ihrer

## A QUINTA ELEGIA

*Dedicada à Sra. Hertha Koenig*

QUEM *são* os que são ambulantes, diz-me, um pouco
mais fugazes ainda do que nós, a quem aperta e apressa desde muito cedo
uma vontade insatisfeita sempre,
para *quem*, por amor de *quem*? Ela aperta-os,
dobra-os, ata-os, baloiça-os,
atira-os ao ar e volta a apanhá-los; caem,
como se o ar estivesse oleado e mais liso,
sobre o tapete gasto, cada vez mais puído
pelo seu eterno salto, este tapete
perdido no Universo.
Tapete colocado como um adesivo, como se o céu
dos subúrbios aí tivesse magoado a terra.
E mal ali chegam,
muito direitos ali, mostrando: a inicial inevitável
do seu estar..., mas sempre há um punho que se levanta,
que de novo enrola mesmo os mais
fortes, por brincadeira, como Augusto, o Forte,
fazia, à mesa, a um prato de estanho.

Ai! e em torno
deste centro, a rosa do olhar:
floresce e desfolha-se. À volta deste
espigão, estilete atingido
pelo seu próprio pólen, fecundando de novo
em fruto ilusório do desprazer, nunca

niemals bewußten, — glänzend mit dünnster
Oberfläche leicht scheinlächelnden Unlust.

Da: der welke, faltige Stemmer,
der alte, der nur noch trommelt,
eingegangen in seiner gewaltigen Haut, als hätte sie früher
*zwei* Männer enthalten, und einer
läge nun schon auf dem Kirchhof, und er überlebte den andern,
taub und manchmal ein wenig
wirr, in der verwitweten Haut.

Aber der Junge, der Mann, als wär er der Sohn eines Nackens
und einer Nonne: prall und strammig erfüllt
mit Muskeln und Einfalt.

Oh ihr,
die ein Leid, das noch klein war,
einst als Spielzeug bekam, in einer seiner
langen Genesungen…

Du, der mit dem Aufschlag,
wie nur Früchte ihn kennen, unreif,
täglich hundertmal abfällt vom Baum der gemeinsam
erbauten Bewegung (der, rascher als Wasser, in wenig
Minuten Lenz, Sommer und Herbst hat) —
abfällt und anprallt ans Grab:
manchmal, in halber Pause, will dir ein liebes
Antlitz entstehn hinüber zu deiner selten
zärtlichen Mutter; doch an deinen Körper verliert sich,
der es flächig verbraucht, das schüchtern

dele consciente —, brilhando em ténue
superfície com um desprazer aparente e fácil sorriso.

E eis acolá o halterofilista murcho e enrugado,
velho, que agora já só é capaz de tocar tambor,
mirrado na sua vigorosa pele, como se antes
nela tivesse contido *dois* homens e um deles
se encontrasse agora já no cemitério, e ele lhe tivesse sobrevivido,
embora surdo e muitas vezes também um pouco
confuso, na sua pele de viuvez.

E eis o jovem, o homem, como se fosse filho de pai espadaúdo
e de mãe monja: rijo e firme, todo ele
músculos e ingenuidade.

Ó vós,
que outrora a uma dor ainda criança
servistes de brinquedo durante uma das suas
longas convalescenças...

E tu, aquele que, com o som da queda,
tal como só os frutos a conhecem, imaturo,
cem vezes por dia cai da árvore do movimento
em conjunto construído (que, mais rapidamente do que a água, em poucos
minutos tem a sua Primavera, o Verão e o Outono) —
cai, embatendo na sepultura:
por vezes, num curto intervalo, há um rosto amoroso
que em ti quer surgir, voltado para a tão raramente
terna tua mãe; porém, no teu corpo, por ele gasto,
perde-se na superfície, esse rosto

kaum versuchte Gesicht... Und weider
klatscht der Mann in die Hand zu dem Ansprung, und eh dir
jemals ein Schmerz deutlicher wird in der Nähe des immer
trabenden Herzens, kommt das Brennen der Fußsohln
ihm, seinem Ursprung, zuvor mit ein paar dir
rasch in die Augen gejagten leiblichen Tränen.
Und dennoch, blindlings,
das Lächeln...

Engel! o nimms, pflücks, das kleinblütige Heilkraut.
Schaff eine Vase, verwahrs! Stells unter jene, uns *noch* nicht
offenen Freuden; in lieblicher Urne
rühms mit blumiger schwungiger Aufschrift:
>*Subrisio Saltat.*<.

Du dann, Liebliche,
du, von den reizendsten Freuden
stumm Übersprungne. Vielleicht sind
deine Fransen glücklich für dich —,
oder über den jungen
prallen Brüsten die grüne metallene Seide
fühlt sich unendlich verwöhnt und entbehrt nichts.

Du,
immerfort anders auf alle des Gleichgewichts schwankende Waagen
hingelegte Marktfrucht des Gleichmuts,
öffentlich unter den Schultern.

Wo, o *wo* ist der Ort — ich trag ihn im Herzen —,
wo sie noch lange nicht *konnten*, noch von einander

apenas timidamente tentado... E o homem
volta a bater as palmas para o salto, e antes de
qualquer dor se tornar mais nítida na proximidade do coração,
que sempre trota, o ardor das plantas dos pés se lhe
antepõe, a ele, sua origem, com algumas
lágrimas corpóreas num ápice aos teus olhos acorrendo.
E, no entanto, às cegas,
o sorriso...

Anjo! Oh! apanha-a, colhe-a, essa erva curativa de miúdas flores.
Traz um vaso, guarda-a! Coloca-a entre aquelas alegrias
que *ainda* não se nos desvendaram; em graciosa urna
exalta-a com uma inscrição floreada, impetuosa:
*subrisio saltat.*

E agora tu, ó encantadora,
tu por cima de quem saltaram,
silenciosas, as mais atraentes alegrias. É possível
que as franjas do teu vestido sejam felizes em vez de ti —,
ou que a seda verde metálica
que te cobre os jovens seios rijos
se sinta infinitamente acarinhada e repleta.

Tu,
sempre diversa em todas as oscilantes balanças do equilíbrio
fruta de mercado da insensibilidade,
publicamente exposta dos ombros para baixo.

Onde, oh *onde* fica o lugar — trago-o no coração —,
em que durante muito tempo eles ainda não *podiam*, nem um do outro

abfieln, wie sich bespringende, nicht recht
paarige Tiere; —
wo die Gewichte noch schwer sind;
wo noch von ihren vergeblich
wirbelnden Stäben die Teller
torkeln...

Und plötzlich in diesem mühsamen Nirgends, plötzlich
die unsägliche Stelle, wo sich das reine Zuwenig
unbegreiflich verwandelt —, umspringt
in jenes leere Zuviel.
Wo die vielstellige Rechnung
zahlenlos aufgeht.

Plätze, o Platz in Paris, unendlicher Schauplatz,
wo die Modistin, *Madame Lamort,*
die ruhlosen Wege der Erde, endlose Bänder,
schlingt und windet und neue aus ihnen
Schleifen erfindet, Rüschen, Blumen, Kokarden, künstliche Früchte —, alle
unwahr gefärbt, — für die billigen
Winterhüte des Schicksals.
..............................

Engel!: Es wäre ein Platz, den wir nicht wissen, und dorten,
auf unsäglichem Teppich, zeigten die Liebenden, die's hier
bis zum Können nie bringen, ihre kühnen
hohen Figuren des Herzschwungs,
ihre Türme aus Lust, ihre
längst, wo Boden nie war, nur an einander

se soltavam, como animais que se cobrem, não
verdadeiramente acasalados; —
em que os pesos continuam a pesar;
em que ainda no giro vão
das varas vacilam
os pratos...

E de súbito nesse penoso lugar nenhum, de súbito surge
o sítio invisível, onde a pura escassez
incompreensivelmente se transforma —, dá o salto
para esse excesso vazio.
Onde sem números
se abre a conta de muitas parcelas.

Praças, ó Praça em Paris, infindável palco,
em que a modista *Madame Lamort*,
entrelaça e entrança os caminhos sem repouso da Terra,
intermináveis fitas, inventando novos
laços, folhos, flores, rosetas, frutos artificiais —, tudo
pintado de cores inverosímeis —, para os módicos
chapéus de Inverno do destino.
.................................

Ó Anjo! se houvesse uma Praça, que desconhecêssemos, e lá,
sobre tapete indizível, mostrassem os amantes, que aqui
não alcançam sequer podê-lo, as suas ousadas
altas figuras do ímpeto do coração,
as suas torres de deleite, as suas
escadas, há tanto tempo, onde o chão faltava, apoiadas

lehnenden Leitern, bebend, — und *könntens*,
vor den Zuschauern rings, unzähligen lautlosen Toten:
Würfen die dann ihre letzten, immer ersparten,
immer verborgenen, die wir nicht kennen, ewig
gültigen Münzen des Glücks vor das endlich
wahrhaft lächelnde Paar auf gestilltem
Teppich?

apenas uma à outra, trémulos —, e *pudessem-no*
diante da roda dos espectadores, silenciosos inumeráveis mortos:
Lançariam estes então as suas últimas moedas da felicidade,
sempre poupadas, sempre escondidas, para nós desconhecidas, eternamente
válidas, ante esse par finalmente
sorrindo deveras sobre o apaziguado
tapete?

# DIE SECHSTE ELEGIE

Feigenbaum, seit wie lange schon ists mir bedeutend,
wie du die Blüte beinah ganz überschlägst
und hinein in die zeitig entschlossene Frucht,
ungerühmt, drängst dein reines Geheimnis.
Wie der Fontäne Rohr treibt dein gebognes Gezweig
abwärts den Saft und hinan: und er springt aus dem Schlaf,
fast nicht erwachend, ins Glück seiner süßesten Leistung.
Sieh: wie der Gott in den Schwan.
                                        ... Wir aber verweilen,
ach, uns rühmt es zu blühn, und ins verspätete Innre
unserer endlichen Frucht gehn wir verraten hinein.
Wenigen streigt so stark der Andrang des Handelns,
daß sie schon anstehn und glühn in der Fülle des Herzens,
wenn die Verführung zum Blühn wie gelinderte Nachtluft
ihnen die Jugend des Munds, ihnen die Lider berührt:
Helden vielleich und den frühe Hinüberbestimmten,
denen der gärtnernde Tod anders die Adern verbiegt.
Diese stürzen dahin: dem eigenen Lächeln
sind sie voran, wie das Rossegespann in den milden
muldigen Bildern von Karnak dem siegenden König.

Wunderlich nah ist der Held doch den jugendlich Toten. Dauern
ficht ihn nicht an. Sein Aufgang ist Dasein; beständig
nimmt er sich fort und tritt ins veränderte Sternbild
seiner steten Gefahr. Dort fänden ihn wenige. Aber,

# A SEXTA ELEGIA

FIGUEIRA, tem para mim sentido, há tanto tempo já
que tu quase omitas a tua floração
e, discretamente, apresses o teu inteiro segredo
no interior do fruto a seu tempo decidido.
Tal como o cano da fonte, os teus ramos dobrados
impelem para baixo a seiva e para o alto: ela jorra do sono,
quase ainda sem acordar, na alegria do seu mais doce labor.
Olha: tal como o deus entrou no cisne.
                                        ... Nós porém tardamos,
ai, ostentamos o nosso florir e, atraiçoados,
penetramos no âmago tardio do nosso derradeiro fruto.
A poucos tão intensamente domina o ímpeto de agir
que, logo se abram e ardam, na plenitude do seu coração
quando a tentação de florir, tal como a brisa nocturna que abranda,
lhes toca a juventude da boca e das pálpebras:
aos heróis talvez e àqueles que cedo foram destinados para o Além,
a quem a Morte, a jardineira, de outro modo retorceu as veias.
Eles precipitam-se para a frente: precedem o próprio sorriso,
tal como os corcéis do carro de combate nas suaves
figuras em baixo-relevo de Carnaque, o rei vitorioso.

Sim, estranhamente próximo dos jovens mortos está o herói. Durar
não o atrai. A ascensão é para ele existir; incessantemente
de si se projecta e entra na constelação sempre mudada
do seu perigo constante. Poucos aí o encontrariam. Mas,

das uns finster verschweigt, das plötzlich begeisterte Schicksal
singt ihn hinein in den Sturm seiner aufrauschenden Welt.
Hör ich doch keinen wie *ihn*. Auf einmal durchgeht mich
mit der strömenden Luft sein verdunkelter Ton.

Dann, wie verbärg ich mich gern vor der Sehnsucht: O wär ich,
wär ich ein Knabe und dürft es noch werden und säße
in die künftigen Arme gestützt und läse von Simson,
wie seine Mutter erst nichts und dann alles gebar.

War er nicht Held schon in dir, o Mutter, begann nicht
dort schon, in dir, seine herrische Auswahl?
Tausende brauten im Schooß und wollten *er* sein,
aber sieh: er ergriff und ließ aus —, wählte und konnte.
Und wenn er Säulen zerstieß, so wars, da er ausbrach
aus der Welt deines Leibs in die engere Welt, wo er weiter
wählte und konnte. O Mütter der Helden, o Ursprung
reißender Ströme! Ihr Schluchten, in die sich
hoch von dem Herzrand, klagend,
schon die Mädchen gestürzt, künftig die Opfer dem Sohn.

Denn hinstürmte der Held durch Aufenthalte der Liebe,
jeder hob ihn hinaus, jeder ihn meinende Herzschlag,
abgewendet schon, stand er am Ende der Lächeln, — anders.

aquele destino que obscuramente nos oculta, subitamente possuído de entusiasmo,
cantando impele-o para a tormenta do seu mundo cheio de bramidos.
Na verdade outro não oiço como *ele*. Repentinamente me trespassa
no ar em torrentes o seu som agora grave.

Como eu gostaria então de fugir a esta saudade: Oh, se eu voltasse,
se eu voltasse a ser criança e me fosse dado sê-lo e estivesse sentado
apoiando-me nos futuros braços e lesse a história de Sansão
e de como sua mãe gerou primeiro nada e depois tudo.

Não era ele já em ti um herói, ó mãe, não iniciou
em ti já, a sua escolha imperiosa?
Milhares fermentavam no seio e queriam ser *ele*,
mas, olha: ele tomou e deixou —, escolheu e pôde.
E quando arrasou colunas tudo isso foi como quando
saiu do mundo do teu ventre para o mundo mais estreito, onde ele continuou
a escolher e a poder. Ó mães dos heróis, ó nascente
de rios caudalosos! Vós, desfiladeiros,
nos quais, em pranto, saltaram do alto do coração,
jovens mulheres, futuras vítimas do filho.

Pois na vertigem do passar do herói pelas breves paragens do amor,
cada bater de coração por ele o erguia ao alto,
e ele, ao findarem os sorrisos, já voltado — diverso.

## DIE SIEBENTE ELEGIE

Werbung nicht mehr, nicht Werbung, entwachsene Stimme,
sei deines Schreies Natur; zwar schrieest du rein wie der Vogel,
wenn ihn die Jahreszeit aufhebt, die steigende, beinah vergessend,
daß er ein kümmerndes Tier und nicht nur ein einzelnes Herz sei,
das sie ins Heitere wirft, in die innigen Himmel. Wie er, so
würbest du wohl, nicht minder —, daß, noch unsichtbar,
dich die Freundin erführ, die stille, in der eine Antwort
langsam erwacht und über dem Hören sich anwärmt, —
deinem erkühnten Gefühl die erglühte Gefühlin.

O und der Frühling begriffe —, da ist keine Stelle,
die nicht trüge den Ton der Verkündigung. Erst jenen kleinen
fragenden Auflaut, den, mit steigernder Stille,
weithin umschweigt ein reiner bejahender Tag.
Dann die Stufen hinan, Ruf-Stufen hinan, zum geträumten
Tempel der Zukunft —; dann den Triller, Fontäne,
die zu dem drängenden Strahl schon das Fallen zuvornimmt
im versprechlichen Spiel... Und vor sich, den Sommer.

Nicht nur die Morgen alle des Sommers —, nicht nur
wie sie sich wandeln in Tag und strahlen vor Anfang.
Nicht nur die Tage, die zart sind um Blumen, und oben,
um die gestalteten Bäume, stark und gewaltig.
Nicht nur die Andacht dieser entfalteten Kräfte,

# A SÉTIMA ELEGIA

Ó voz imensa, que a natureza do teu grito não mais seja
a procura da amada, não mais a procura; gritarias decerto com a pureza do
pássaro,
quando o ergue essa ascendente estação do ano, quase esquecida
de que ele é um bicho cediço e não apenas um coração isolado,
que ela lança no azul sereno, nos céus interiores. Como a dele, seria
a tua procura da amada, não menos intensa —, para que, ainda invisível,
a amiga de ti se apercebesse, silenciosa, aquela em quem, lentamente, uma
resposta
acorda e com o ouvir se aquece —,
aquela que inflamada sente o teu ousado sentimento.

Oh! e a Primavera compreenderia —, não há recanto
a que não chegue o som da anunciação. Primeiro aquele
breve articular interrogativo, que no crescente silêncio,
um puro dia de afirmação vastamente envolve na sua mudez.
Depois subir degraus, os degraus do apelo, até ao sonhado
templo do futuro —; depois o gorjeio, fonte
que antecipa a queda do jacto em ascensão
num jogo de promessas… E, já próximo, o Verão.

Não só as manhãs todas do Verão —, não só
o modo como se transformam no dia e brilham de início.
Não só os dias, tão ternos para com as flores, e lá no alto
para com as árvores, já formadas, fortes e possantes.
Não só a celebração destas forças desencadeadas,

nicht nur die Wege nicht nur die Wiesen im Abend,
nicht nur, nach spätem Gewitter, das atmende Klarsein,
nicht nur der nahende Schlaf und ein Ahnen, abends...
sondern die Nächte! Sondern die hohen, des Sommers,
Nächte, sondern die Sterne, die Sterne der Erde.
O einst tot sein und sie wissen unendlich,
alle die Sterne: denn wie, wie, wie sie vergessen!

Siehe, da rief ich die Liebende. Aber nicht *sie* nur
käme... Es kämen aus schwächlichen Gräbern
Mädchen und ständen... Denn, wie beschränk ich,
wie, den gerufenen Ruf? Die Versunkenen suchen
immer noch erde. — Ihr Kinder, ein hiesig
einmal ergriffenes Ding gälte für viele.
Glaubt nicht, Schicksal sei mehr, als das Dichte der Kindheit;
wie überholtet ihr oft den Geliebten, atmend,
atmend nach seligem Lauf, auf nichts zu, ins Freie.

Hiersein ist herrlich. Ihr wußtet es, Mädchen, *ihr* auch,
die ihr scheinbar entbehrtet, versankt —, ihr, in den ärgsten
Gassen der Städte, Schwärende, oder dem Abfall
Offene. Denn eine Stunde war jeder, vielleicht nicht
ganz eine Stunde, ein mit den Maßen der Zeit kaum
Meßliches zwischen zwei Weilen —, da sie ein Dasein
hatte. Alles. Die Adern voll Dasein.
Nur, wir vergessen so leicht, was der lachende Nachbar
Uns nicht bestätigt oder beneidt. Sichtbar
wollen wirs heben, wo doch das sichtbarste Glück uns
erst zu erkennen sich giebt, wenn wir es innen verwandeln.
Nirgends, Geliebte, wird Welt sein, als innen. Unser

não só os caminhos, não só os prados à noitinha,
não só, depois da tardia trovoada, um clarear que respira,
não só o sono que se aproxima e um pressentimento ao anoitecer...
mas as noites! Mas as altas noites
do Verão, mas as estrelas, as estrelas da terra.
Oh! estar outrora morto e sabê-las infinitamente,
todas essas estrelas: pois como, como, como as esquecer!

Olha, eu chamaria então a amante. Mas que viesse
não só *ela*... Que viessem de frágeis sepulturas
jovens mulheres e que estivessem... Pois, como poderia eu delimitar
esse chamar chamado? As que estão afundadas
continuam a procurar terra. — Ó vós, crianças, uma só coisa
de aqui, uma vez possuída, valeria por muitas.
Não julgueis que o destino seja maior do que o devaneio da infância;
quantas vezes não ultrapassastes o Amado, ofegantes,
ofegantes após esse correr feliz, sem rumo algum, para o espaço livre.

Estar aqui é magnífico. Também *vós*, ó jovens mulheres, o sabíeis,
vós que aparentemente renunciastes, vos afundastes —, vós nas piores
vielas das cidades, ulcerantes e expostas
a todo o abandono. Pois a cada um cabia uma hora, talvez
menos de uma hora, um momento quase impossível de medir,
entre dois instantes, com medidas de tempo, em que ela teve
uma existência. Tudo. As veias cheias de existência.
Nós, porém, tão facilmente esquecemos aquilo que o sorridente vizinho,
nos censura ou nos inveja. Nós queremos
ostentá-lo visivelmente, mesmo quando a felicidade mais visível
se nos dá apenas a conhecer, quando intimamente a transformamos.
Em nenhum outro lugar, ó Amada, haverá mundo senão em nosso íntimo.
A nossa

Leben geht hin mit Verwandlung. Und immer geringer
schwindet das Außen. Wo einmal ein dauerndes Haus war,
schlägt sich erdachtes Gebild vor, quer, zu Erdenklichen
völlig gehörig, als stånd es noch ganz im Gehirne.
Weite Speicher der Kraft schafft sich der Zeitgeist, gestaltlos
wie der spannende Drang, den er aus allem gewinnt.
Tempel kennt er nicht mehr. Diese, des Herzens, Verschwendung
sparen wir heimlicher ein. Ja, wo noch eins übersteht,
ein einst gebetetes Ding, ein gebientes, geknietes —,
hält es sich, so wie es ist, schon ins Unsichtbare hin.
Viele gewahrens nicht mehr, doch ohne den Vorteil,
daß sie's nun *innerlich* baun, mit Pfeilern und Statuen, großer!

Jede dumpfe Umkehr der Welt hat solche Enterbte,
denen das Frühere nicht und noch nicht das Nächste gehört.
Denn auch das Nächste ist weit für die Menschen. *Uns* soll
dies nicht verwirren; es stärke in uns die Bewahrung
der noch erkannten Gestalt. — Dies *stand* einmal unter Menschen,
mitten im Schicksal stands, im vernichtenden, mitten
im Nichtwissen-Wohin stand es, wie seiend, und bog
Sterne zu sich aus gesicherten Himmeln. Engel,
*dir* noch zeig ich es, *da*! in deinem Anschaun
steh es gerettet zuletzt, nun endlich aufrecht.
Säulen, Pylone, der Sphinx, das strebende Stemmen,
grau aus vergehender Stadt oder aus fremder, des Doms.

War es nicht Wunder? O staune, Engel, denn *wir* sinds,
wir, o du Großer, erzähls, daß wir solches vermochten, mein Atem
reicht für die Rühmung nicht aus. So haben wir dennoch
nicht die Räume versäumt, diese gewährenden, diese

vida esvai-se na transformação. E o que é o exterior, cada vez mais diminuto,
desaparece. Para onde havia outrora uma permanente casa,
propõe-se agora uma construção concebida, a toda a extensão,
da ordem do pensável, como se estivesse toda ainda no cérebro.
Amplos acumuladores de energia cria o espírito do tempo, informemente,
tal como o ímpeto tenso que de todas as coisas obtém.
Templos, já não os conhece. A estes, desbarato do coração,
nós mais secretamente os resguardamos. Sim, onde quer que subsista
uma coisa, uma coisa outrora feita de oração, de serviço, de genuflexão —,
aflora já, tal como está, o invisível.
Muitos dela não se apercebem já, nem têm a vantagem
de a construírem agora *no seu íntimo*, com pilares e estátuas, maior!

Cada insensível rotação do mundo tem destes deserdados
a quem não pertence nem o que foi, nem o que há-de seguir-se.
Pois o que há-de seguir-se é longínquo para os homens. A *nós* isto
não nos deve perturbar; antes nos dê a força de guardar
a forma ainda reconhecível. Isto que outrora *estava* entre os homens,
no seio do destino, desse destruidor, estava
no não-saber-para-onde ir, como ser sendo, e vergava para si
as estrelas de céus firmes. Ó Anjo,
a *ti* o mostro ainda, *ali*! no teu olhar,
fique por fim a salvo, finalmente erguido, agora.
Colunas, pilones, a Esfinge, esse erguer-se em anelo,
na soturna cor de cidades em estertor ou de estranhas cidades, da catedral.

Não foi isto milagre? Ó Anjo, enche-te de admiração, pois somos *nós*,
nós, ó grande, que disso fomos capazes, narra-o porque o meu sopro
não basta para o exaltar. Assim, não deixámos
passar em vão os espaços, estes

*unserren* Räume. (Was müssen sie fürchterlich groß sein,
da sie Jahrtausende nicht unseres Fühlns überfülln.)
Aber ein Turm war groß, nicht wahr? O Engel, er war es, —
groß, auch noch neben dir? Chartres war groß —, und Musik
reichte noch weiter hinan und überstieg uns. Doch selbst nur
eine Liebende —, oh, allein am nächtlichen Fenster...
reichte sie dir nicht ans Knie — ?
Glaub *nicht*, daß ich werbe.
Engel, und würb ich dich auch! Du kommst nicht.
Denn mein
Anruf ist immer voll Hinweg; wider so starke
Strömung kannst du nicht schreiten. Wie ein gestreckter
Arm ist mein Rufen. Und seine zum Greifen
oben offene Hand bleibt vor dir
offen, wie Abwehr und Warnung,
Unfaßlicher, weitauf.

*nossos* condescendentes espaços. (Como devem ser terrivelmente grandes,
pois milénios do nosso sentir os não fazem transbordar).
Mas era grande, uma torre, não é assim? Ó Anjo, era, essa torre, grande —,
grande, mesmo comparando contigo? Chartres era grande —, e a Música
subia ainda mais alto e ultrapassava-nos. E mesmo uma só
Amante —, oh! sozinha, à janela da noite...
não te chegava até aos joelhos — ?
*Não* creias que eu te pretenda.
Ó Anjo, e mesmo que eu te pretendesse! Tu não vens.
Pois o meu
chamamento está cheio de oposição; contra semelhante
torrente é impossível caminhares. O meu grito
é como um braço que se estende. E a mão
que ao alto se abre para alcançar fica diante de ti
aberta, como defesa e advertência,
ó inalcançável, toda aberta.

## DIE ACHTE ELEGIE

*Rudolf Kassner zugeeignet*

Mit allen Augen sieht die Kreatur
das Offene. Nur unsre Augen sind
wie umgekehrt und ganz um sie gestellt
als Fallen, rings um ihren freien Ausgang.
Was draußen *ist*, wir wissens aus des Tiers
Antlitz allein; denn schon das frühe Kind
wenden wir um und zwingens, daß es rückwärts
Gestaltung sehe, nicht das Offne, das
im Tiergesicht so tief ist. Frei von Tod.
*Ihn* sehen wir allein; das freie Tier
hat seinen Untergang stets hinter sich
und vor sich Gott, und wenn es geht, so gehts
in Ewigkeit, so wie die Brunnen gehen.
 *Wir* haben nie, nicht einen einzigen Tag,
den reinen Raum vor uns, in den die Blumen
unendlich aufgehn. Immer ist es Welt
und niemals Nirgends ohne Nicht: das Reine,
Unüberwachte, das man atmet und
unendlich *weiß* und nicht begehrt. Als Kind
verliert sich eins im Stilln an dies und wird
gerüttelt. Oder jener stirbt und *ists*.
Denn nah am Tod sieht man den Tod nicht mehr
und starrt *hinaus*, vielleicht mit großem Tierblick.
Liebende, wäre nicht der andre, der
die Sicht verstellt, sind nah daran und staunen…

## A OITAVA ELEGIA

*Dedicada a Rudolf Kassner*

Com todos os olhos a criatura vê
o Aberto. Só os nossos olhos estão
como que ao contrário e envolvem-na toda
como armadilhas em volta da sua saída livre.
O que no exterior *está*, sabemo-lo apenas através da face
do animal; pois já em pequena
voltamos a criança e obrigamo-la a olhar para trás,
para a Forma e não para o Aberto, tão
profundo na fisionomia do animal. Liberto da morte.
Nós vemo-*la*, só nós; o animal livre, pelo contrário,
tem atrás de si o seu declínio
e diante de si Deus e quando avança, avança
para a eternidade, tal como jorram as fontes.
*Nós* nunca temos, nem num só dia,
o puro espaço diante de nós, para onde se abrem
infinitamente as flores. É sempre mundo
e nunca nenhum lugar sem a negação: o que é puro,
o não vigiado, que se respira e
se *sabe* infinito e não se deseja. Em criança,
era o perder-se no silêncio disto e ser-se
despertado. Ou então morre-se e *é-se*.
Pois perto da morte já se não vê a morte
e olha-se fixamente *para fora*, com um grande olhar, de animal, talvez.
Os amantes, não fosse o outro a
encobrir a vista, estão dela próximos e assombram-se...

Wie aus Versehn ist ihnen aufgetan
hinter dem andern... Aber über ihn
kommt keiner fort, und wieder wird ihm Welt.
Der Schöpfung immer zugewendet, sehn
wir nur auf ihr die Spiegelung des Frein,
von uns verdunkelt. Oder daß ein Tier,
ein stummes, aufschaut, ruhig durch uns durch.
Dieses heißt Schicksal: gegenüber sein
Und nichts als das und immer gegenüber.

Wäre Bewußtheit unsrer Art in dem
sicheren Tier, das uns entgegenzieht
in anderer Richtung —, riß es uns herum
mit seinem Wandel. Doch sein Sein ist ihm
unendlich,ungefaßt und ohne Blick
auf seinen Zustand, rein, so wie sein Ausblick.
Und wo wir Zukunft sehn, dort sieht es Alles
und sich in Allem und geheilt für immer.

Und doch ist in dem wachsam warmen Tier
Gewicht und Sorge einer großen Schwermut.
Denn ihm auch haftet immer an, was uns
oft überwältigt, — die Erinnerung,
als sei schon einmal das, wonach man drängt,
näher gewesen, treuer und sein Anschluß
unendlich zärtlich. Hier ist alles Abstand,
und dort wars Atem. Nach der ersten Heimat
ist ihm die zweite zwitterig und windig.
O Seligkeit der *kleinen* Kreatur,
die immer *bleibt* im Schooße, der sie austrug;

Como por descuido abre-se o espaço,
atrás do outro... Mas sobre esse outro
ninguém passa, e de novo se lhe faz mundo.
Sempre voltados para a Criação, nela vemos
apenas o espelhar do que é livre,
por nós turvado. Ou vemos que um animal
mudo erguendo os olhos nos atravessa serenamente com o olhar.
A isto se chama destino: estar defronte,
apenas e sempre defronte.

Se houvesse uma consciência ao nosso modo nesse
animal seguro que a nós se dirige
seguindo noutra direcção —, ele arrastar-nos-ia
no seu deambular. Porém o seu ser é para ele
infinito, inabarcado e sem visão
do seu estado, puro, como a sua antevisão.
E onde nós vemos futuro vê ele Tudo
e a si no Todo e salvo para sempre.

E, no entanto, no animal, vigilante e quente,
há o peso e o cuidado de uma grande melancolia.
Pois também ele é atingido sempre por aquilo que a nós
tantas vezes nos domina —, a memória,
como se aquilo porque se anseia
já tivesse estado alguma vez mais perto, sido mais fiel e esse elo
infinitamente terno. Aqui tudo é separação,
lá tudo era sopro. Depois da Pátria primeira
a segunda parece-lhe híbrida e cheia de vento.
    Oh, a bem-aventurança da *pequena* criatura,
que *permanece* no seio que a criou;

o Glück der Mücke, die noch *innen* hüpft,
selbst wenn sie Hochzeit hat: denn Schooß ist Alles.
Und sieh die halbe Sicherheit des Vogels,
der beinah beides weiß aus seinem Ursprung,
als wär er eine Seele der Etrusker,
aus einem Toten, den ein Raum empfing,
doch mit der ruhenden Figur als Deckel.
Und wie bestürzt ist eins, das fliegen muß
und stammt aus einem Schooß. Wie vor sich selbst
erschreckt, durchzuckts die Luft, wie wenn ein Sprung
durch eine Tasse geht. So reißt die Spur
der Fledermaus durchs Porzellan des Abends.

Und wir: Zuschauer, immer, überall,
dem allen zugewandt und nie hinaus!
Uns überfüllts. Wir ordnens. Es zerfällt.
Wir ordnens wieder und zerfallen selbst.

Wer hat uns also umgedreht, daß wir,
was wir auch tun, in jener Haltung sind
von einem, welcher fortgeht? Wie er auf
dem letzten Hügel, der ihm ganz sein Tal
noch einmal zeigt, sich wendet, anhält, weilt —,
so leben wir und nehmen immer Abschied.

oh, a felicidade do mosquito que continua a dar saltos ainda *dentro*,
quando celebra as núpcias; pois o Tudo é seio.
Olha o pássaro, meio seguro,
que quase ambas as coisas sabe pela sua origem,
como se fosse a alma de um Etrusco,
saída de um morto, que recebe um espaço,
e que por tampa tem a sua figura jacente.
E, como todo aquele que tem de voar, está confuso,
nascido de um seio materno. Como que assustado
consigo próprio, cruza o ar tal como a estaladura
numa chávena. É assim que o rasto
do morcego fende a porcelana da noite que cai.

E nós, espectadores sempre, em todo o lado,
para tudo isso voltados, e nunca para fora!
Isso faz-nos transbordar. Assentamo-lo. Desmorona-se.
De novo o assentamos e a nós mesmos nos desmoronamos.

Quem assim nos pôs ao invés, de tal maneira
que, o que quer que façamos, sempre estamos
na atitude de alguém que parte? E tal como esse alguém
pára na última colina, que uma vez mais lhe põe diante
o seu vale, e olha em volta e se detém —,
assim vivemos nós, em despedida sempre.

# DIE NEUNTE ELEGIE

WARUM, wenn es angeht, also die Frist des Daseins
hinzubringen, als Lorbeer, ein wenig dunkler als alles
andere Grün, mit kleinen Wellen an jedem
Blattrand (wie eines Windes Lächeln) —: warum dann
Menschliches müssen — und, Schicksal vermeidend,
sich sehnen nach Schicksal?...

Oh, *nicht*, weil Glück *ist*,
dieser voreilige Vorteil eines nahen Verlusts.
Nicht aus Neugier, oder zur Übung des Herzens,
das auch im Lorbeer *wäre*...

Aber weil Hiersein viel ist, und weil uns scheinbar
alles das Hiesige braucht, dieses Schwindende, das
seltsam uns angeht. Uns, die Schwindendsten. *Ein* Mal
jedes, nur *ein* Mal. *Ein* Mal und nichtmehr. Und wir auch
*ein* Mal. Nie wieder. Aber dieses
*ein* Mal gewesen zu sein, wenn auch nur *ein* Mal:
*irdisch* gewesen zu sein, scheint nicht widerrufbar.

Und so drängen wir uns und wollen es leisten,
wollens enthalten in unsern einfachen Händen,
im überfüllteren Blick und im sprachlosen Herzen.
Wollen es werden. — Wem es geben? Am liebsten
alles behalten für immer... Ach, in den andern Bezug,

# A NONA ELEGIA

PORQUÊ, se é possível viver o prazo da existência,
até ao seu termo, como loureiro, um pouco mais escuro do que
todos os outros tons de verde, com pequenas ondas no rebordo
da folhagem (como o sorriso de um vento) —: porquê então esta
forçosa existência humana —, e, evitando o destino,
ter saudade do destino?...

Oh! *não* porque *há* a felicidade,
proveito antecipado de uma perda próxima.
Não por curiosidade, ou para exercitar o coração,
que também *haveria* no loureiro...

Mas porque estar aqui é muito, e porque tudo
o que é daqui aparentemente precisa de nós, estas coisas efémeras, que
estranhamente nos dizem respeito. A nós, os mais efémeros. Cada uma
*uma* vez, só *uma* vez. *Uma* vez, não mais. E nós também
*uma* vez. E nunca mais. Mas o
ter sido *uma* vez, mesmo *uma* só vez:
o ter sido *terreno*, parece irrevogável.

E assim nos apressamos e queremos cumpri-lo,
queremos segurá-lo nas nossas mãos simples,
no olhar mais transbordante e no coração emudecido.
Queremos vir a sê-lo. — A quem dá-lo? Melhor será
ficar com tudo para sempre... Ai! para um ou outro mundo de relações,

wehe, was nimmt man hinüber? Nicht das Anschaun, das hier
langsam erlernte, und kein hier Ereignetes. Keins.
Also die Schmerzen. Also vor allem das Schwersein,
also der Liebe lange Erfahrung, — also
lauter Unsägliches. Aber später,
unter den Sternen, was solls: *die* sind *besser* unsäglich.
Bringt doch der Wanderer auch vom Hange des Bergrands
nicht eine Hand voll Erde ins Tal, die Allen unsägliche, sondern
ein erworbenes Wort, reines, den gelben und blaun
Enzian. Sind wir vielleicht *hier*, um zu sagen: Haus,
Brücke, Brunnen, Tor, Krug, Obstbaum, Fenster, —
höchstens: Säule, Turm... aber zu *sagen*, verstehs,
oh zu sagen *so*, wie selber die Dinge niemals
innig meinten zu sein. Ist nicht die heimliche List
dieser verschweigenen Erde, wenn sie die Liebenden drängt,
daß sich in ihrem Gefühl jedes und jedes entzückt?
Schwelle: was ists für zwei
Liebende, daß sie die eigne ältere Schwelle der Tür
ein wenig verbrauchen, auch sie, nach den vielen vorher
und vor den Künftigen..., leicht.

*Hier* ist des *Säglichen* Zeit, *hier* seine Heimat.
Sprich und bekenn. Mehr als je
fallen die Dinge dahin, die erlebbaren, denn,
was sie verdrängend ersetzt, ist ein Tun ohne Bild.
Tun unter Krusten, die willig zerspringen, sobald
innen das Handeln entwächst und sich anders begrenzt.
Zwischen den Hämmern besteht

ai de nós! o que se pode levar? Não o saber ver, aqui
lentamente aprendido, nem nada aqui acontecido. Nada disso.
Mas sim as dores. Mas sim e sobretudo o que pesa,
mas sim a longa experiência do amor —, mas sim
apenas o indizível. Mais tarde,
entre as estrelas, que importância tem tudo isso: *elas* é que *são* indizíveis.
Também o caminhante não traz da encosta da montanha
um punhado de terra para o vale, terra para todos indizível, mas sim
uma palavra adquirida, pura, a genciana amarela
e azul. Estamos nós *aqui* para dizer: casa,
ponte, fonte, portão, jarro, árvore de fruto, janela —,
e quando muito: coluna, torre... mas para *dizer*, entende-o
oh! para dizer *de tal forma*, como nem sequer as próprias coisas
tenham pensado vir a ser no seu íntimo. Não é uma secreta astúcia
desta terra silenciada, levar os amantes
a que, no seu sentimento, uma coisa na outra se enleve?
Limiar: o que é, para dois
Amantes, desgastarem um pouco o próprio limiar
já um pouco gasto da porta, eles também, depois de tantos outros no passado,
e antes dos vindouros..., levemente.

*Aqui* é o tempo do *dizível*, *aqui* a sua pátria.
Fala e proclama. Mais do que nunca
perecem as coisas, as que se podem viver, pois
o que as substitui, tomando o seu lugar, é um fazer sem imagem.
Um fazer sob crostas, que querem rebentar, assim que
por dentro o agir cessa e se limita de outra forma.
Entre as marteladas persiste

unser Herz, wie die Zunge
zwischen den Zähnen, die doch,
dennoch, die preisende bleibt.
Preise dem Engel die Welt, nicht die unsägliche, *ihm*
kannst du nicht großtun mit herrlich Erfühltem;
                                                    im Weltall,
wo er fühlender fühlt, bist du ein Neuling. Drum zeig
ihm das Einfache, das, von Geschlecht zu Geschlechtern gestaltet,
als ein Unsriges lebt, neben der Hand und im Blick.
Sag ihm die Dinge. Er wird staunender stehn; wie du standest
bei dem Seiler in Rom, oder beim Töpfer am Nil.
Zeig ihm, wie glücklich ein Ding sein kann, wie schuldlos und unser,
wie selbst das klagende Leid rein zur Gestalt sich entschließt,
dient als ein Ding, oder stirbt in ein Ding —, und jenseits
selig der Geige entgeht. — Und diese, von Hingang
lebenden Dinge verstehn, daß du sie rühmst; vergänglich,
traun sie ein Rettendes uns, den Vergänglichsten, zu.
Wollen, wir sollen sie ganz im unsichtbarn Herzen verwandeln
in — o unendlich — in uns! Wer wir am Ende auch seien.

Erde, ist es nicht dies, was du willst: *unsichtbar*
in uns erstehn? — Ist es dein Traum nicht,
einmal unsichtbar zu sein? — Erde! unsichtbar!
Was, wenn Verwandlung nicht, ist dein drängender Auftrag?
Erde, du liebe, ich will. Oh glaub, es bedürfte
nicht deiner Frühlinge mehr, mich dir zu gewinnen —, *einer*
ach, ein einziger ist schon dem Blute zu viel.
Namenlos bin ich zu dir entschlossen, von weit her.

o nosso coração, tal como entre os dentes
a língua, que, no entanto,
apesar de tudo, continua a louvar.
Dedica ao Anjo louvor do mundo, não do mundo indizível, perante *ele*
não podes alardear tudo o que foi sentido com magnificência;
no Universo
em que ele mais sentido sente, não passas de um aprendiz. Por isso mostra-
-lhe o que é simples, o que, formado de geração em geração,
vive como coisa nossa, ao alcance da mão e no nosso olhar.
Diz-lhe as coisas. Ficará mais surpreendido; assim como tu ficaste
com o cordoeiro em Roma ou com o oleiro nas margens do Nilo.
Mostra-lhe, como uma coisa pode ser feliz, inocente e nossa,
como até a própria dor lamentosa se abre, pura, à forma,
serve como coisa, ou morre transformando-se em coisa —, além
ela afasta-se, com júbilo, do violino. Estas coisas que vivem do declínio
compreendem que tu as louves; efémeras,
confiam-se-nos como coisas salvando-se, a nós os mais efémeros.
Querem que as transformemos por completo no coração invisível,
em — oh, infinitamente — em nós! Sejamos nós quem formos, afinal.

Terra, não é isto o que tu queres: surgir
*invisível* em nós? Não é o teu sonho
seres um dia invisível? Terra! invisível!
Se a transformação não é a tua missão imperiosa, então qual será?
Terra, ó minha querida, eu quero. Oh, acredita, não seriam mais necessárias
as tuas Primaveras para me conquistar para ti —, só *uma*,
ai! uma única e já demasiada para o sangue.
Inominadamente, por ti me decidi, já de longe.

Immer warst du im Recht, und dein heiliger Einfall
ist der vertrauliche Tod.

Siehe, ich lebe. Woraus? Weder Kindheit noch Zukunft
werden weniger… Überzähliges Dasein
entspringt mir im Herzen.

Sempre tinhas razão e a tua sacra ideia
é a discreta morte.

Olha, eu vivo. De quê? Nem a infância nem o futuro
passam a ser menos... Uma existência excessiva
para mim jorra, no coração.

# DIE ZEHNTE ELEGIE

Dass ich dereinst, an dem Ausgang der grimmigen Einsicht,
Jubel und Ruhm aufsinge zustimmenden Engeln.
Daß von den klar geschlagenen Hämmern des Herzens
keiner versage an weichen, zweifelnden oder
reißenden Saiten. Daß mich mein strömendes Antlitz
glänzender mache; daß das unscheinbare Weinen
blühe. O wie werdet ihr dann, Nächte, mir lieb sein,
gehärmte. Daß ich euch knieender nicht, untröstliche Schwestern,
hinnahm, nicht in euer gelöstes
Haar mich gelöster ergab. Wir, Vergeuder der Schmerzen.
Wie wir sie absehn voraus, in die traurige Dauer,
ob sie nicht enden vielleicht. Sie aber sind ja
unser winterwähriges Laub, unser dunkeles Sinngrün,
*eine* der Zeiten des heimlichen Jahres —, nicht nur
Zeit —, sind Stelle, Siedelung, Lager, Boden, Wohnort.

Freilich, wehe, wie fremd sind die Gassen der Leid-Stadt,
wo in der falschen, aus Übertönung gemachten
Stille, stark, aus der Gußform des Leeren der Ausguß
prahlt: der vergoldete Lärm, das platzende Denkmal.
O, wie spurlos zerträte ein Engel ihnen den Trostmarkt,
den die Kirche begrenzt, ihre fertig gekaufte:
reinlich und zu und enttäuscht wie ein Postamt am Sonntag.
Draußen aber kräuseln sich immer die Ränder von Jahrmarkt.
Schaukeln der Freiheit! Taucher und Gaukler des Eifers!

## A DÉCIMA ELEGIA

Um dia, à saída da visão terrífica,
que eu erga o meu cântico de júbilo e louvor aos Anjos cúmplices.
Que nenhum dos martelos do coração, no seu claro bater,
falhe sobre cordas frouxas, dúbias,
rompendo-se. Que o meu rosto torrencial
me torne mais brilhante; que o simples pranto
floresça. Oh, como vós então me sereis caras, ó Noites,
ó atormentadas. Não vos ter eu, ó inconsoláveis irmãs,
recebido ainda mais de joelhos, não me ter eu entregado mais desprendido
ao vosso desprendido cabelo. Nós, os perdulários de dores!
Como nós as prevemos, nesta triste duração,
pensando se talvez não acabem. Mas elas são
a nossa folhagem protectora de Inverno, a nossa pervinca escura,
*uma* das estações do ano oculto —, não só
estação —, mas também lugar, habitação, acampamento, solo, morada.

Na verdade, ai! que estranhas são as ruelas da Cidade da Dor,
onde no silêncio falso, feito de tumulto,
com violência emerge, ostentando-se do molde de fundição do vazio,
o esgoto: o ruído dourado, o monumento que estala.
Oh, como um Anjo calcaria, sem deixar rasto, o mercado de consolações,
que uma Igreja, comprada pronta a usar, delimita:
limpa e fechada e cabisbaixa como uma estação de correios ao domingo.
E lá fora ainda se crispam as orlas do mercado anual.
Baloiços da liberdade! Mergulhadores e prestidigitadores do zelo!

Und des behübschten Glücks figürliche Schießstatt,
wo es zappelt von Ziel und sich blechern benimmt,
wenn ein Geshickterer trifft. Von Beifall zu Zufall
taumelt er weiter; denn Buden jeglicher Neugier
werben, trommeln und plärrn. Für Erwachsene aber
ist noch besonders zu sehn, wie das Geld sich vermehrt, anatomisch,
nicht zur Belustigung nur: der Geschlechtsteil des Gelds,
alles, das Ganze, der Vorgang —, das unterrichtet und macht
fruchtbar...
... Oh aber gleich darüber hinaus,
hinter der letzten Planke, beklebt mit Plakaten des >Todlos<,
jenes bitteren Biers, das den Trinkenden süß scheint,
wenn sie immer dazu frische Zerstreuungen kaun...,
gleich im Rücken der Planke, gleich dahinter, ists *wirklich*.
Kinder spielen, und Liebende halten einander, — abseits,
ernst, im ärmlichen Gras, und Hunde haben Natur.
Weiter noch zieht es den Jüngling; vielleicht, daß er eine junge
Klage liebt... Hinter ihr her kommt er in Wiesen. Sie sagt:
— Weit. Wir wohnen dort draußen...
Wo? Und der Jüngling
folgt. Ihn rührt ihre Haltung. Die Schulter, der Hals —, vielleicht
ist sie von herrlicher Herkunft. Aber er läßt sie, kehrt um,
wendet sich, winkt... Was solls? Sie ist eine Klage.

Nur die jungen Toten, im ersten Zustand
zeitlosen Gleichmuts, dem der Entwöhnung,
folgen ihr liebend. Mädchen
wartet sie ab und befreundet sie. Zeigt ihnen leise,
was sie an sich hat. Perlen des Leids und die feinen
Schleier der Duldung. — Mit Jünglingen geht sie
schweigend.

E a figurada barraca de tiro da sorte, embelezada,
onde se agita o entusiasmo pelo alvo e há um embater de latas,
quando alguém mais hábil acertou. E entre aplausos e acasos
ele prossegue a cambalear; pois barracas de todo o tipo de curiosidades
atraem com tambores e sons estridentes. Mas para adultos verem
há ainda e especialmente: como o dinheiro se multiplica, anatomicamente,
e não só para divertimento: o órgão procriador do dinheiro,
tudo, o conjunto, o acto —, ensina e dá
proveito...
... Oh! mas logo adiante,
atrás do último tapume, coberto de cartazes da «Sem Morte»,
cerveja amarga que parece doce aos que a bebem,
quando a acompanham mastigando frescos lazeres...,
logo ali do outro lado do tapume, atrás, o *real* é.
Crianças brincam, Amantes um ao outro se encostam —, apartados,
sérios, na relva escassa, e cães têm ali a Natureza.
Mas para mais longe é atraído o jovem; talvez ame
uma jovem Lamentação... Seguindo-a, alcança prados. Ela diz-lhe:
— Lá longe. É além que moramos...
Onde? E o jovem
prossegue. Comove-o o porte dela. Os ombros, o pescoço —, talvez
seja nobre condição. Ele abandona-a porém, retrocede,
volta-se, acena... Que importância tem? É uma Lamentação.

Só os mortos jovens, no primeiro estado
de serenidade intemporal, o da desabituação,
a seguem amando. Pelas jovens mortas
espera, faz delas amigas. Mostra-lhes num sussurro
o que traz posto. Pérolas de dor e finos
véus da resignação. — Com os jovens mortos caminha
em silêncio.

Aber dort, wo sie wohnen, im Tal, der Älteren eine, der Klagen,
nimmt sich des Jünglinges an, wenn er fragt: — Wir waren,
sagt sie, ein Großes Geschlecht, einmal, wir Klagen.
Die Väter
trieben den Bergbau dort in dem großen Gebirg; bei Menschen
findest du manchmal ein Stück geschliffenes Ur-Leid
oder, aus altem Vulkan, schlackig versteinerten Zorn.
Ja, das stammte von dort. Einst waren wir reich. —

Und sie leitet ihn leicht durch die weite Landschaft der Klagen,
zeigt ihm die Säulen der Tempel oder die Trümmer
jener Burgen, von wo Klage-Fürsten das Land
einstens weise beherrscht. Zeigt ihm die hohen
Tränenbäume und Felder blühender Wehmut,
(Lebendige kennen sie nur als sanftes Blattwerk);
zeigt ihm die Tiere der Trauer, weidend, — und manchmal
schreckt ein Vogel und zieht, flach ihnen fliegend durchs Aufschaun,
weithin das schriftliche Bild seines vereinsamten Schreis. —
Abends führt sie ihn hin zu den Gräbern der Alten
aus dem Klage-Geschlecht, den Sibyllen und Warn-Herrn.
Naht aber Nacht, so wandeln sie leiser, und bald
mondets empor, das über Alles
wachende Grab-Mal. Brüderlich jenem am Nil,
der erhabene Sphinx —: der verschwiegenen Kammer
Antlitz.
Und sie staunen dem krönlichen Haupt, das für immer,
schweigend, der Menschen Gesicht
auf die Waage der Sterne gelegt.

Mas onde vivem, no vale, uma das mais velhas Lamentações
dá atenção ao jovem, quando ele faz perguntas: — nós, as Lamentações,
éramos outrora,
diz ela, de uma grande estirpe.
Os nossos pais,
mineiros naquela montanha grande; entre os humanos
encontras por vezes um bocado polido da dor original
ou cólera petrificada em escórias de um velho vulcão.
Sim, tudo daí provém. Outrora éramos ricas. —

E leva-o levemente através da paisagem imensa das Lamentações,
e mostra-lhe as colunas dos templos ou as ruínas
das praças-fortes, em que antigamente os Príncipes das Lamentações
governaram o país com sabedoria. Mostra-lhe as altas
árvores-de-lágrimas e os campos de melancolia em flor,
(os vivos apenas delas conhecem a folhagem suavemente esculpida);
mostra-lhe os animais do luto, pastando, — e por vezes,
um pássaro assusta-se e, passando-lhes em voo raso através do olhar
até ao longe, expande por escrito a imagem do seu grito solitário. —
Ao anoitecer, ela leva-o até aos túmulos dos antepassados
da estirpe das Lamentações, sibilas e profetas.
E quando se faz noite, caminham mais suavemente, e logo
ali se levanta, como a lua, o monumento funerário
que sobre tudo vela. Irmão daquele que está junto ao Nilo,
a alta Esfinge —: o rosto da câmara
muda.
E, cheios de espanto, contemplam essa cabeça coroada que, em silêncio,
colocou para sempre o rosto humano
na balança das estrelas.

Nicht erfaßt es sein Blick, im Frühtod
schwindelnd. Aber ihr Schaun,
hinter dem Pschent-Rand hervor, scheucht es die Eule. Und sie,
streifend im langsamen Abstrich die Wange entlang,
jene der reifesten Rundung,
zeichnet weich in das neue
Totengehör, über ein doppelt
aufgeschlagenes Blatt, den unbeschreiblichen Umriß.

Und höher, die Sterne. Neue. Die Sterne des Leidlands.
Langsam nennt sie die Klage: — Hier,
siehe: den *Reiter*, den *Stab*, und das vollere Sternbild
nennen sie: *Fruchtkranz*. Dann weiter, dem Pol zu:
*Wiege; Weg; Das Brennende Buch; Puppe; Fenster.*
Aber im südlichen Himmel, rein wie im Innern
einer gesegneten Hand, das klar erglänzende >*M*<,
das die Mütter bedeutet… —

Doch der Tote muß fort, und schweigend bringt ihn die ältere
Klage bis an die Talschlucht,
wo es schimmert im Mondschein:
die Quelle der Freude. In Ehrfurcht
nennt sie sie, sagt: — Bei den Menschen
ist sie ein tragender Strom. —

Stehn am Fuß des Gebirgs.
Und da umarmt sie ihn, weinend.

O olhar dele não o abarca, pelas vertigens
da morte precoce. Mas o dela,
vindo detrás da orla da dupla coroa,[1] espanta o mocho. E,
roçando em lentos toques ao longo da face
mais perfeitamente redonda,
ela traça ao de leve no novo
ouvido do morto, sobre uma folha
dupla aberta, o contorno indescritível.

E mais alto, as estrelas. Novas. As estrelas do País da Dor.
Lentamente, a Lamentação nomeia-as: — Olha,
olha: o *Cavaleiro*, o *Bastão* e a constelação mais cheia
a que chamam *Coroa-de-Frutos*. Depois, mais além, perto do pólo:
*Berço; Caminho; O Livro Ardente; Boneca; Janela.*
Mas no céu do Sul, puro como no interior
de uma mão abençoada, o «*M*» que brilha tão claro,
e que significa as Mães...

Mas o morto tem de prosseguir e a mais velha Lamentação
leva-o em silêncio até ao desfiladeiro,
onde há uma cintilação ao luar:
a fonte da alegria. Com veneração
ela nomeia-a, diz: — Entre os homens
é um rio úbere.

Param no sopé da montanha.
Aí ela abraça-o, chorando.

[1] [Usámos «dupla coroa» por ser essa a tradução de *pschent*, transcrição grega aproximada do egípcio antigo. Trata-se da coroa de soberania sobre o Alto Egipto e o Baixo Egipto. Cfr. Jacob Steiner, *Rilkes Duineser Elegien*, 2.ª ed. Bern und München. Francke Verlag, 1969, pp. 272 e 340.]

Einsam steigt er dahin, in die Berge des Ur-Leids.
Und nicht einmal sein Schritt klingt aus dem tonlosen Los.
Aber erweckten sie uns, die unendlich Toten, ein Gleichnis,
siehe, sie zeigten vielleicht auf die Kätzchen der leeren
Hasel, die hängenden, oder
meinten den Regen, der fällt auf dunkles Erdreich im Frühjahr. —

Und wir, die an *steigendes* Glück
denken, empfänden die Rührung,
die uns beinah bestürzt,
wenn ein Glückliches *fällt.*

Solitário ascende às montanhas da dor originária.
E nem o seu passo sequer ressoa de um destino sem som.
Mas se eles, os infinitamente mortos, nos despertassem, para um exemplo,
vê: talvez nos apontassem os cachos de flores pendentes
das avelaneiras vazias, ou
nos indicassem a chuva, que na Primavera cai sobre a terra escura. —

E nós, que pensamos na felicidade
*ascendente*, sentiríamos essa emoção
que quase nos confunde,
quando uma coisa feliz *cai*.

Retrato de Rilke por Paula Modersohn-Becker, 1906.

# REQUIEM POR UMA AMIGA *

* Paula Modersohn-Becker (1876-1907), pintora, amiga de Clara Rilke-Westhoff.

*Geschrieben am 31. Oktober,*
*1. und 2. November 1908 in Paris*

Ich habe Tote, und ich ließ sie hin
und war erstaunt, sie so getrost zu sehn,
so rasch zuhaus im Totsein, so gerecht,
so anders als ihr Ruf. Nur du, du kehrst
zurück; du streifst mich, du gehst um, du willst
an etwas stoßen, daß es klingt von dir
und dich verrät. O nimm mir nicht, was ich
langsam erlern. Ich habe recht; du irrst
wenn du gerührt zu irgend einem Ding
ein Heimweh hast. Wir wandeln dieses um;
es ist nicht hier, wir spiegeln es herein
aus unserm Sein, sobald wir es erkennen.
    Ich glaubte dich viel weiter. Mich verwirrts,
daß *du* gerade irrst und kommst, die mehr
verwandelt hat als irgend eine Frau.
Daß wir erschraken, da du starbst, nein, daß
dein starker Tod uns dunkel unterbrach,
das Bisdahin abreißend vom Seither:
das geht uns an; das einzuordnen wird
die Arbeit sein, die wir mit allem tun.
Doch daß du selbst erschrakst und auch noch jetzt
den Schrecken hast, wo Schrecken nicht mehr gilt;
daß du von deiner Ewigkeit ein Stück
verlierst und hier hereintrittst, Freundin, hier,
wo alles noch nicht *ist*; daß du zerstreut,

*Paris, 31.Outubro e*
*1 e 2.Novembro.1908*

Eu tenho mortos, deixei-os afastarem-se
e fiquei surpreendido ao vê-los tão consolados,
tão depressa à vontade nesse estarem mortos, tão justos,
tão diferentes do que era a sua fama. Só tu voltas;
tocas-me, erras, queres
ir contra algo para que a tua presença soe
e te atraiçoe. Oh, não me tires o que
tão lentamente aprendi. Tenho razão; tu erras
quando, emocionada, tens saudade
de qualquer coisa. E eis que a transformamos;
nada está aqui, reflectimo-la para dentro de nós
a partir do nosso ser, logo que a conhecemos.
    Julgava-te mais distante. Confunde-me
que *tu* andes errante e venhas, tu que mais coisas
transformaste do que qualquer outra mulher.
Não foi o terror o que nos invadiu quando morreste, não,
a tua intensa morte que obscuramente nos interrompeu,
rasgando o até então do desde então,
é essa que nos toca: ordená-lo será
o trabalho que em todas as coisas faremos.
Mas porque foi a ti própria que invadiu o terror e mesmo agora
sentes terror onde o terror já nada pode;
e perdeste um pouco da tua eternidade
para aqui entrares, ó Amiga, aqui,
onde tudo ainda não *é*, porque tu, distraída,

zum ersten Mal im All zerstreut und halb,
den Aufgang der unendlichen Naturen
nicht so ergriffst wie hier ein jedes Ding;
daß aus dem Kreislauf, der dich schon empfing,
die stumme Schwerkraft irgend einer Unruh
dich niederzieht zur abgezählten Zeit —:
dies weckt mich nachts oft wie ein Dieb, der einbricht.
Und dürft ich sagen, daß du nur geruhst,
daß du aus Großmut kommst, aus Überfülle,
weil du so sicher bist, so in dir selbst,
daß du herumgehst wie ein Kind, nicht bange
vor Örtern, wo man einem etwas tut —:
doch nein: du bittest. Dieses geht mir so
bis ins Gebein und querrt wie eine Säge.
Ein Vorwurf, den du trügest als Gespenst,
nachtrügest mir, wenn ich mich nachts zurückzieh
In meines Lunge, in die Eingeweide,
in meines Herzens letzte ärmste Kammer, —
ein solcher Vorwurf wäre nicht so grausam,
wie dieses Bitten ist. Was Bittest du?
   Sag, soll ich reisen? Hast du irgendwo
ein Ding zurückgelassen, das sich quält
und das dir nachwill? Soll ich in ein Land,
das du nicht sahst, obwohl es dir verwandt
war wie die andre Hälfte deiner Sinne?
   Ich will auf seinen Flüssen fahren, will
an Land gehn und nach alten Sitten fragen,
will mit den Frauen in den Türen sprechen
und zusehn, wenn sie ihre Kinder rufen.
Ich will mir merken, wie sie dort die Landschaft

pela primeira vez no todo distraída e só metade,
sem compreender a ascensão das naturezas
infinitas como aqui compreendeste cada coisa;
porque a muda força da gravidade de alguma inquietação,
partindo da circulação que já te recebeu,
te arrasta para baixo, para o tempo medido —:
isso acorda-me à noite muitas vezes, como um assaltante.
E poderei eu dizer que tu apenas condescendes,
que por magnanimidade voltas, por excesso,
por estares tão segura, tão em ti própria,
que te moves como uma criança, sem medo
de lugares onde se faça mal a alguém —:
mas não: tu pedes. Isso penetra-me
até aos ossos e atravessa-me como uma serra.
Uma censura, de que tu fosses como fantasma portadora,
a mim dirigida, quando de noite me recolho
nos pulmões, nas entranhas,
na última e paupérrima câmara do meu coração,—
semelhante censura não seria tão cruel
como é o teu pedir. Que pedes?

Diz-me, queres que parta em viagem? Deixaste algures
uma coisa esquecida que se torture
e queira ir ter contigo? Queres que vá a um país
que não viste, embora te fosse familiar
como a outra metade dos teus sentidos?

Quero navegar pelos seus rios, quero
desembarcar e perguntar por antigos usos,
quero falar com as mulheres às portas
e vê-las quando chamam pelos filhos.
Quero reparar como usam aí

umnehmen draußen bei der alten Arbeit
der Wiesen und der Felder; will begehren,
vor ihren König hingeführt zu sein,
und will die Priester durch Bestechung reizen,
daß sie mich legen vor das stärkste Standbild
und fortgehn und die Tempeltore schließen.
Dann aber will ich, wenn ich vieles weiß,
einfach die Tiere anschaun, daß ein Etwas
von ihrer Wendung mir in die Gelenke
herübergleitet; will ein kurzes Dasein
in ihren Augen haben, die mich halten
und langsam lassen, ruhig, ohne Urteil.
Ich will mir von den Gärtnern viele Blumen
hersagen lassen, daß ich in den Scherben
der schönen Eigennamen einen Rest
herüberbring von den hundert Düften.
Und Früchte will ich kaufen, Früchte, drin
das Land noch einmal ist, bis an den Himmel.
Denn Das verstandest du: die vollen Früchte.
Die legtest du auf Schalen vor dich hin
und wogst mit Farben ihre Schwere auf.
Und so wie Früchte sahst du auch die Fraun
und sahst die Kinder so, von innen her
getrieben in die Formen ihres Daseins.
Und sahst dich selbst zuletzt wie eine Frucht,
nahmst dich heraus aus deinen Kleidern, trugst
dich vor den Spiegel, ließest dich hinein
bis auf dein Schauen; das blieb groß davor
und sagte nicht: das bin ich; nein: dies ist.

a paisagem, fora, no trabalho antiquíssimo
dos prados e dos campos; quero desejar
ser levado à presença do seu rei
e quero, subornando-os, levar os sacerdotes
a deitarem-me diante da mais vigorosa estátua
e a partirem e a fecharem os pórticos do templo.
Depois, quando souber já muitas coisas, quero ainda
simplesmente contemplar os animais, para que algo
da sua mutação se introduza nas minhas
articulações; quero ter uma existência breve
nos seus olhos que me seguram
e lentamente me soltam, serenamente, sem me julgarem.
Quero que os jardineiros me digam
muitas flores para que eu aos cacos
dos belos nomes próprios acrescente
um resto das centenas de perfumes.
E quero comprar frutos, frutos onde por dentro
se encontra de novo o país, até ao céu.
    Pois isto tu compreendias: os frutos plenos.
Os que em taças punhas à tua frente
equilibrando com as cores todo o seu peso.
E, como frutos também, vias as mulheres
e vias as crianças, de dentro
impelidas para as formas da sua existência.
E por fim viste-te a ti própria como um fruto,
despojaste-te dos teus vestidos, levaste-te
para diante do espelho, deixaste-te entrar
até ao teu olhar; isto ficou grande, à tua frente,
e não dizia: isto sou eu; não, antes: isto é.

So ohne Neugier war zuletzt dein Schaun
und so besitzlos, von so wahrer Armut,
daß es dich selbst nicht mehr begehrte: heilig.
    So will ich dich behalten, wie du dich
hinstelltest in den Spiegel, tief hinein
und fort von allem. Warum kommst du anders?
Was widerrufst du dich? Was willst du mir
einreden, daß in jenen Bernsteinkugeln
um deinen Hals noch etwas Schwere war
von jener Schwere, wie sie nie im Jenseits
beruhigter Bilder ist; was zeigst du mir
in deiner Haltung eine böse Ahnung;
was heißt dich die Konturen deines Leibes
auslegen wie die Linien einer Hand,
daß ich sie nicht mehr sehn kann ohne Schicksal?
    Komm her ins Kerzenlicht. Ich bin nicht bang,
die Toten anzuschauen. Wenn sie kommen,
so haben sie ein Recht, in unserm Blick
sich aufzuhalten, wie die andern Dinge.
    Komm her; wir wollen eine Weile still sein.
Sieh diese Rose an auf meinem Schreibtisch;
ist nicht das Licht um sie genau so zaghaft
wie über dir: sie dürfte auch nicht hier sein.
Im Garten draußen, unvermischt mit mir,
hätte sie bleiben müssen oder hingehn, —
nun währt sie so: was ist ihr mein Bewußtsein?

    Erschrick nicht, wenn ich jetzt begreife, ach,
da steigt es in mir auf: ich kann nicht anders,

Tão sem curiosidade era por último o teu olhar
e tão despossuído, tão verdadeiramente pobre,
que nem a ti te desejava: sagrado.
    Assim te quero recordar, tal como te
colocavas dentro do espelho, a fundo
e longe de tudo. Porque vens diferente?
Porque te contradizes? Porque me queres
convencer de que naquelas contas de âmbar
que trazias ao pescoço ainda havia algum peso
daquele peso que no Além
nunca pertence a imagens apaziguadas? Porque me mostras
na tua atitude um mau pressentimento?
Quem te manda ler os contornos
do teu corpo como as linhas da mão,
de modo que eu já não os possa ver sem destino?
    Aproxima-te da luz da vela. Não tenho medo
de olhar os mortos. Quando vêm
têm direito a permanecer
no nosso olhar como as outras coisas.
    Aproxima-te; fiquemos por momentos em silêncio.
Olha para esta rosa sobre a minha mesa;
não é a luz que a rodeia tão tímida
como a que brilha sobre ti? Também ela não devia estar aqui.
No jardim lá fora, não misturada comigo,
devia ter ficado ou partir, —
agora dura assim: o que é para ela a minha consciência?

    Não te assustes por eu agora compreender, ai!
eis que em mim ascende: não posso impedi-lo,

ich muß begreifen, und wenn ich dran stürbe.
Begreifen, daß du hier bist. Ich begreife.
Ganz wie ein Blinder rings ein Ding begreift,
fühl ich dein Los und weiß ihm keinen Namen.
Laß uns zusammen klagen, daß dich einer
aus deinem Spiegel nahm. Kannst du noch weinen?
Du kannst nicht. Deiner Tränen Kraft und Andrang
hast du verwandelt in dein reifes Anschaun
und warst dabei, jeglichen Saft in dir
so umzusetzen in ein starkes Dasein,
das steigt und kreist, im Gleichgewicht und blindlings.
Da riß ein Zufall dich, dein letzter Zufall
riß dich zurück aus deinem fernsten Fortschritt
in eine Welt zurück, wo Säfte *wollen*.
Riß dich nicht ganz; riß nur ein Stück zuerst,
doch als um dieses Stück von Tag zu Tag
die Wirklichkeit so zunahm, daß es schwer ward,
da brauchtest du dich ganz: da gingst du hin
und brachst in Brocken dich aus dem Gesetz
mühsam heraus, weil du dich brauchtest. Da
trugst du dich ab und grubst aus deines Herzens
nachtwarmem Erdreich die noch grünen Samen,
daraus dein Tod aufkeimen sollte: deiner,
dein eigner Tod zu deinem eignen Leben.
Und aßest sie, die Körner deines Todes,
wie alle andern, aßest seine Körner,
und hattest Nachgeschmack in dir von Süße,
die du nicht meintest, hattest süße Lippen,
du: die schon innen in den Sinnen süß war.

tenho de compreender, ainda que disso possa morrer.
Compreender que estás aqui. Compreendo.
Tal como um cego apreende uma coisa perto dele
sinto a tua sorte e nenhum nome encontro que lhe sirva.
Lamentemos juntos que alguém
te tenha arrancado ao teu espelho. Ainda podes chorar?
Não podes. A força e a pressão das tuas lágrimas
transformaste-as no teu maduro olhar
e estavas a converter toda a tua seiva
numa existência forte,
que ascende e circula, em equilíbrio e às cegas.
Então um acaso puxou-te, o teu último acaso
puxou-te do teu mais avançado progresso
para um mundo onde as seivas *querem*.
Não te rasgou por inteiro; rasgou-te primeiro só um pedaço,
porém quando à volta deste pedaço, de dia para dia,
a realidade de tal modo cresceu e se tornou pesada,
então precisaste inteiramente de ti: então afastaste-te,
e com esforço te arrancaste em pedaços
à lei, porque precisavas de ti. Então
gastaste-te e tiraste da terra cálida e nocturna
do teu coração as sementes ainda verdes
das quais haveria de germinar a tua morte: a tua,
a tua própria morte para a tua própria vida.
Comeste-os, os grãos da tua morte,
como todos os outros grãos, comeste os seus grãos,
e ficaste com um ressaibo de doçura em ti,
que não tinhas querido, tinhas os lábios doces,
tu: quem já dentro nos sentidos era doce.

O laß uns klagen. Weißt du, wie dein Blut
aus einem Kreisen ohnegleichen zögernd
und ungern wiederkam, da du es abriefst?
Wie es verwirrt des Leibes kleinen Kreislauf
noch einmal aufnahm; wie es voller Mißtraun
und Staunen eintrat in den Mutterkuchen
und von dem weiten Rückweg plötzlich müd war.
Du triebst es an, du stießest es nach vorn,
du zerrtest es zur Feuerstelle, wie
man eine Herde Tiere zerrt zum Opfer;
und wolltest noch, es sollte dabei froh sein.
Und du erzwangst es schließlich: es war froh
und lief herbei und gab sich hin. Dir schien,
weil du gewohnt warst an die andern Maße,
es wäre nur für eine Weile; aber
nun warst du in der Zeit, und Zeit ist lang.
Und Zeit geht hin, und Zeit nimmt zu, und Zeit
ist wie ein Rückfall einer langen Krankheit.

Wie war dein Leben kurz, wenn du's vergleichst
mit jenen Stunden, da du saßest und
die vielen Kräfte deiner vielen Zukunft
schweigend herabbogst zu dem neuen Kindkeim,
der wieder Schicksal war. O wehe Arbeit.
O Arbeit über alle Kraft. Du tatest
sie Tag für Tag, du schlepptest dich zu ihr
und zogst den schönen Einschlag aus dem Webstuhl
und brauchtest alle deine Faden anders.
Und endlich hattest du noch Mut zum Fest.

Denn da's getan war, wolltest du belohnt sein,
wie Kinder, wenn sie bittersüßen Tee

Oh, lamentemos. Sabes como o teu sangue
regressou hesitante e contrariado vindo
de um círculo sem par quando o chamaste?
Como, confuso, retomou a pequena circulação
do corpo; como, cheio de desconfiança
e espanto, entrou na placenta
e de repente do longo regresso ficou exausto.
Impeliste-o, empurraste-o para a frente,
arrastaste-o para a fogueira, como
se arrasta um rebanho de animais para o sacrifício;
e ainda quiseste que estivesse alegre.
E por fim obrigaste-o: estava alegre
e acorreu e entregou-se. Pareceu-te,
por estares habituada a outras dimensões,
que seria só por pouco tempo; mas
agora estavas no tempo, e o tempo é longo.
E o tempo passa, o tempo cresce, e o tempo
é como uma recaída de uma longa doença.

Como a tua vida foi breve, quando a comparas
àquelas horas em que estavas sentada e
em silêncio dobravas as múltiplas forças
do teu futuro múltiplo em direcção ao novo gérmen da tua filha,
que de novo era destino. Oh, doloroso trabalho.
Oh, trabalho acima das próprias forças. Fizeste-o
dia após dia, para ele te arrastavas
e tiraste essa bela trama do tear
e usaste de outro modo todos os teus fios.
E no fim ainda tiveste coragem para a festa.

Pois ao terminar querias ser recompensada,
como as crianças, depois de beberem o chá

getrunken haben, der vielleicht gesund macht.
So lohntest du dich: denn von jedem andern
warst du zu weit, auch jetzt noch; keiner hätte
ausdenken können, welcher Lohn dir wohltut.
Du wußtest es. Du saßest auf im Kindbett,
und vor dir stand ein Spiegel, der dir alles
ganz wiedergab. Nun war das alles *Du*
und ganz *davor*, und drinnen war nur Täuschung,
die schöne Täuschung jeder Frau, die gern
Schmuck umnimmt und das Haar kämmt und verändert.
So starbst du, wie die Frauen früher starben,
altmodisch starbst du in dem warmen Hause
den Tod der Wöchnerinnen, welche wieder
sich schließen wollen und es nicht mehr können,
weil jenes Dunkel, das sie mitgebaren,
noch einmal wiederkommt und drängt und eintritt.

Ob man nicht dennoch hätte Klagefrauen
auftreiben müssen? Weiber, welche weinen
für Geld, und die man so bezahlen kann,
daß sie die Nacht durch heulen, wenn es still wird.
Gebräuche her! wir haben nicht genug
Gebräuche. Alles geht und wird verredet.
So mußt du kommen, tot, und hier mit mir
Klagen nachholen. Hörst du, daß ich klage?
Ich möchte meine Stimme wie ein Tuch
hinwerfen über deines Todes Scherben
und zerrn an ihr, bis sie in Fetzen geht,
und alles, was ich sage, müßte so
zerlumpt in dieser Stimme gehn und frieren;

agridoce que talvez cure a doença.
Assim te recompensaste: pois dos outros
estavas demasiado longe, então como agora; ninguém seria
capaz de imaginar que recompensa te faria bem.
Tu sabia-lo. Soergueste-te na cama do teu parto
e diante de ti estava um espelho que tudo te
reproduzia. Então tudo isso eras *tu*
e inteiramente *fora* e por dentro era só ilusão,
a bela ilusão de todas as mulheres que gostam
de usar jóias e pentear-se e mudar de penteado.
Foi assim que morreste, como outrora as mulheres morriam,
morreste antiquadamente na casa aquecida
a morte das parturientes que de novo
se querem fechar e já não podem,
porque aquela escuridão, que também deram à luz,
de novo volta e insiste e entra.

Não deveríamos mesmo assim ter
chamado carpideiras? Mulheres que choram
por dinheiro e a quem se pode pagar
para que toda a noite chorem, quando se faz silêncio.
Voltem os costumes antigos! Não temos costumes
bastantes. Tudo passa e se esvai em palavras.
Por isso tens de vir, morta, e aqui, comigo,
repor os prantos. Ouves o meu lamento?
Gostaria de lançar a minha voz como um pano
sobre os restos da tua morte,
e lançá-la até se fazer em farrapos,
e tudo o que digo deveria andar
andrajoso nesta voz e tiritar de frio;

blieb es beim Klagen. Doch jetzt klag ich an:
den Einen nicht, der dich aus dir zurückzog,
(ich find ihn nicht heraus, er ist wie alle)
doch alle klag ich in ihm an: den Mann.
Wenn irgendwo ein Kindgewesensein
tief in mir aufsteigt, das ich noch nicht kenne,
vielleicht das reinste Kindsein meiner Kindheit:
ich wills nicht wissen. Einen Engel will
ich daraus bilden ohne hinzusehn
und will ihn werfen in die erste Reihe
schreiender Engel, welche Gott erinnern.
Denn dieses Leiden dauert schon zu lang,
und keiner kanns; es ist zu schwer für uns,
das wirre Leiden von der falschen Liebe,
die, bauend auf Verjährung wie Gewohnheit,
ein Recht sich nennt und wuchert aus dem Unrecht.
Wo ist ein Mann, der Recht hat auf Besitz?
Wer kann besitzen, was sich selbst nicht hält,
was sich von Zeit zu Zeit nur selig auffängt
und wieder hinwirft wie ein Kind den Ball.
Sowenig wie der Feldherr eine Nike
festhalten kann am Vorderbug des Schiffes,
wenn das geheime Leichtsein ihrer Gottheit
sie plötzlich weghebt in den hellen Meerwind:
so wenig kann einer von uns die Frau
anrufen, die uns nicht mehr sieht und die
auf einem schmalen Streifen ihres Daseins
wie durch ein Wunder fortgeht, ohne Unfall:
er hätte denn Beruf und Lust zur Schuld.

se lamentar bastasse. Porém agora acuso:
não aquele que te arrancou a ti
(não consigo descobri-lo, é como todos os outros)
mas a todos nele acuso: o homem.
Mesmo que do fundo de mim se erga
um passado de criança que ainda desconheço,
talvez a essência mais pura da minha infância:
não quero saber. Antes quero moldar
um Anjo, sem olhá-lo,
e quero lançá-lo para a primeira fila
de Anjos que gritam e despertam em nós a lembrança de Deus.
Pois este sofrimento dura há demasiado tempo
e ninguém o pode suportar; é demasiado pesado para nós
o confuso sofrimento por um falso amor
que, assente na prescrição como o hábito,
se reclama como direito e se expande pela injustiça.
Onde está um homem com direito de posse?
Quem pode possuir o que em si não tem consistência,
o que só de tempos a tempos ditosamente se agarra a si mesmo
e de novo volta a atirar-se como a criança faz à bola?
Assim como o capitão não pode atar
uma deusa da vitória à proa do seu navio,
quando a secreta leveza da sua divindade
de repente a lança no claro vento do mar:
tão pouco pode nenhum de nós chamar
a mulher que já não nos vê e que
sobre uma estria exígua da sua existência
se afasta como por milagre, sem acidente:
a não ser que ele tenha por ofício e prazer a culpa.

Denn *das* ist Schuld, wenn irgendeines Schuld ist:
die Freiheit eines Lieben nicht vermehren
um alle Freiheit, die man in sich aufbringt.
Wir haben, wo wir lieben, ja nur dies:
einander lassen; denn daß wir uns halten,
das fällt uns leicht und ist nicht erst zu lernen.

Bist du noch da? In welcher Ecke bist du? —
Du hast so viel gewußt von alledem
und hast so viel gekonnt, da du so hingingst
für alles offen, wie ein Tag, der anbricht.
Die Frauen leiden: lieben heißt allein sein,
und Künstler ahnen manchmal in der Arbeit,
daß sie verwandeln müssen, wo sie lieben.
Beides begannst du; beides ist in Dem,
was jetzt ein Ruhm entstellt, der es dir fortnimmt.
Ach du warst weit von jedem Ruhm. Du warst
unscheinbar; hattest leise deine Schönheit
hineingenommen, wie man eine Fahne
einzieht am grauen Morgen eines Werktags,
und wolltest nichts, als eine lange Arbeit, —
die nicht getan ist: dennoch nicht getan.
Wenn du noch da bist, wenn in diesem Dunkel
noch eine Stelle ist, an der dein Geist
empfindlich mitschwingt auf den flachen Schallwelln,
die eine Stimme, einsam in der Nacht,
aufregt in eines hohen Zimmers Strömung:
So hör mich: Hilf mir. Sieh, wir gleiten so,
nicht wissend wann, zurück aus unserm Fortschritt
in irgendwas, was wir nicht meinen; drin

Pois *é* culpa, se alguma coisa for culpa:
não multiplicar a liberdade da coisa amada
por toda a liberdade que em si próprio possa ser encontrada.
Onde nós amamos, apenas temos isto:
deixarmo-nos; pois prendermo-nos
não custa e nem sequer é preciso sabê-lo.

Ainda estás presente? Em que recanto te encontras? —
Tu que tanto sabias disto tudo
e tanto eras capaz de fazer, quando saías,
a tudo aberta, como um dia que começa.
As mulheres sofrem: amar é estar só,
e os artistas pressentem muitas vezes no seu labor
que devem transformar aquilo que amam.
Ambas as coisas começaste; ambas estão naquilo
que agora é distorcido por uma fama que to arrebata.
Ai, como estavas distante de toda a fama! Eras
discreta; tinha recolhido sem rumor
a tua beleza, como se recolhe
uma bandeira na manhã cinzenta de um dia de trabalho,
e nada mais querias do que um longo labor, —
que ficou por fazer: apesar de tudo, por fazer.
Se ainda estás presente, se nesta obscuridade
ainda há um ponto em que o teu espírito
sensivelmente vibre sobre as planas ondas sonoras
que uma voz solitária na noite
agita na corrente de ar de um quarto alto:
ouve o que te digo: ajuda-me. Olha, nós, sem saber quando,
deslizamos do nosso progresso
para qualquer coisa que não queríamos, na qual

wir uns verfangen wie in einem Traum
und drin wir sterben, ohne zu erwachen.
Keiner ist weiter. Jedem, der sein Blut
hinaufhob in ein Werk, das lange wird,
kann es geschehen, daß ers nicht mehr hochhält
und daß es geht nach seiner Schwere, wertlos.
Denn irgendwo ist eine alte Feindschaft
zwischen dem Leben und der großen Arbeit.
Daß ich sie einseh und sie sage: hilf mir.
    Komm nicht zurück. Wenn du's erträgst, so sei
tot bei den Toten. Tote sind beschäftigt.
Doch hilf mir so, daß es dich nicht zerstreut,
wie mir das Fernste manchmal hilft: in mir.

nos enredamos como num sonho
e na qual morremos, sem acordar.
Ninguém foi mais além. A todo aquele que ergueu
o seu sangue numa obra que se torna longa
pode acontecer deixar de poder erguê-la
e ela ser arrastada pelo seu próprio peso, sem valor.
Pois algures existe uma antiga inimizade
entre a vida e a grandeza da obra.
Que eu a reconheça e a diga: ajuda-me.
    Não voltes. Se puderes suportá-lo, fica
morta entre os mortos. Os mortos estão ocupados.
Porém ajuda-me, de modo que isso não te distraia,
como o mais longínquo muitas vezes me ajuda: dentro de mim.

Rilke durante a 1.ª Guerra Mundial em Munique.

# ÍNDICE

# COLECÇÃO DOCUMENTA POETICA

Edoi Lelia Doura – Antologia das Vozes Comunicantes da Poesia Moderna Portuguesa
*organização de Herberto Helder*
Poesia Toda, Herberto Helder
Ouolof
*poemas mudados para português por Herberto Helder*
Poemas Ameríndios
*poemas mudados para português por Herberto Helder*
Doze Nós Numa Corda
*poemas mudados para português por Herberto Helder*
Do Cancioneiro de Amigo, Stephen Reckert e Helder Macedo
Blaise Cendrars, Poesia em Viagem
*tradução de Liberto Cruz*
Poesia de António Maria Lisboa
*organização de Mário Cesariny*
Antologia da Poesia Espanhola Contemporânea
*selecção e tradução de José Bento*
O Meu Coração é Árabe (A Poesia Luso-Árabe), Adalberto Alves
Ensaio de Uma Despedida, Francisco Brines
*tradução de José Bento*
Iluminações / Uma Cerveja no Inferno, Rimbaud
*tradução de Mário Cesariny*
Poesias Completas, S. João da Cruz
*tradução de José Bento*
As Flores do Mal, Charles Baudelaire
*tradução de Fernando Pinto do Amaral*
Poesias Completas, Ângelo de Lima
*organização de Fernando Guimarães*
Outono Transfigurado, Georg Trakl
*tradução de João Barrento*
Elegias, Hölderlin
*tradução de Maria Teresa Dias Furtado*
Fragmentos de Novalis
*selecção, tradução e desenhos de Rui Chafes*
Canto de Mim Mesmo, Walt Whitman
*tradução de José Agostinho Baptista*
Poesias Completas, Frei Luis de León
*tradução de José Bento*

Cartas Portuguesas, Mariana Alcoforado
*tradução de Eugénio de Andrade e pinturas de Ilda David'*
As Elegias de Duíno, Rainer Maria Rilke
*tradução de Maria Teresa Dias Furtado*
Poemas, André Breton
*escolhidos, traduzidos e apresentados por Ernesto Sampaio*
Antologia da Poesia Espanhola do «Siglo de Oro» – I. Renascimento
*selecção, tradução, prólogo e notas de José Bento*
Antologia da Poesia Espanhola do «Siglo de Oro» – II. Barroco
*selecção, tradução, prólogo e notas de José Bento*
Poesia (1960-1989), Luiza Neto Jorge
*organização e prefácio de Fernando Cabral Martins*
O Massacre dos Inocentes, W.H. Auden
*tradução de José Alberto Oliveira*
Poemas Saturnianos e Outros, Paul Verlaine
*tradução de Fernando Pinto do Amaral*
Lírica Espanhola de Tipo Tradicional
*tradução, apresentação e notas de José Bento*
Vinte e Cinco Poemas à Hora do Almoço, Frank O'Hara
*tradução de José Alberto Oliveira*
Poemas Eróticos, John Donne
*apresentação e tradução de Helena Barbas*
O Vinho e as Rosas, Antologia de Poemas Sobre a Embriaguez
*organizado por Jorge Sousa Braga*
Poemas de Luis Buñuel
*organização e estudo introdutório de Francisco Aranda – tradução e apresentação de Mário Cesariny*
Al-Mu'tamid / Poeta do Destino, Adalberto Alves
*ilustrações de Pedro Cabrita Reis*
Poemas, António Franco Alexandre
Uma Antologia, W.B. Yeats
*tradução de José Agostinho Baptista*
Guarda Minha Fala para Sempre, Ossip Mandelstam
*tradução de Nina Guerra e Filipe Guerra*
Jardim de Poesias Eróticas do «Siglo de Oro»
*selecção, tradução e notas de José Bento*
Hipérion ou o Eremita da Grécia, Friedrich Hölderlin
*tradução e prefácio de Maria Teresa Dias Furtado*
Antologia da Poesia Neerlandesa do Século Vinte
*selecção e introdução de Gerrit Komrij, tradução de Fernando Venâncio*
Só o Sangue Cheira a Sangue, Ana Akhmátova
*tradução de Nina Guerra e Filipe Guerra*
Poemas de Mallarmé – Lidos por Fernando Pessoa
*introdução e tradução de José Augusto Seabra*

PAGINAÇÃO: RITA LYNCE
REVISÃO: MARIANA PINTO DOS SANTOS / OLÍMPIO FERREIRA

DEPÓSITO LEGAL 180398/02
TIRAGEM: 2000 EXEMPLARES

JUNHO, 2002
IMPRESSO NA GUIDE – ARTES GRÁFICAS, LDA.
RUA DAS FIGUEIRAS, LOTE 12 – 1.º, 2675-108 PÓVOA DE SANTO ADRIÃO